KB200752

더, 더 가까이

더, 더 가까이
CLOSER AND CLOSER

● 홍기영

규장

홍기영 목사님의 책 《더, 더 가까이》가 출간되어 하나님께 감사를 드립니다. 이 책을 통하여 독자들이 영원히 살아계시는 구원자이시며, 주(主)이시고, 교사이시며, 친구이신 예수님께로 더 가까이 나아가길 간절히 기도합니다.

_리차드 J. 포스터 Richard J. Foster
(레노바레 설립자, 《기도》, 《영적 훈련과 성장》의 저자)

한국을 세 번 방문하면서 한국의 많은 목회자들과 기독교 리더들이 과도한 사역으로 한계에 도달하였음을 발견했습니다. 우물이 마를 때, 해결법은 더 깊이 파는 것입니다. 우리의 신앙적 갈급함의 해갈도 주님과의 더 깊은 교제뿐입니다. 한국어로 출간된 이 책의 전체를 판단할 수는 없지만 책의 목차와 간략한 내용만으로도 이 책이 전하는 메시지가 한국 독자들에게 꼭 필요한 것임을 확신할 수 있었습니다. 날마다 주님께로 나아가는 홍기영 목사님의 삶과 영성이 담겨 있는 이 책은, 한국 교회를 주님과의 더욱 친밀한 교제로 인도할 것입니다. 이 메시지에 더 가까이 귀와 마음을 기울여주길 부탁합니다.

_필립 얀시 Philip Yancey
(《놀라운 하나님의 은혜》, 《내가 알지 못했던 예수》의 저자)

홍기영 목사님은 한 영혼 한 영혼을 온 마음으로 돌보는 목양의 일꾼이며 깊이 있는 묵상과 기도로 들어가는 영성의 사람입니다. 그래서인지 그의 글에는 빛나는 혜안이 있고, 그의 말에는 깊은 울림이 있습니다. 무엇보다 그는 정한 마음과 정직한 영으로 하나님과 사람에게 나아가 영향력을 발하는 지도자입니다.

이 책에서 그는 하나님께 더 가까이 나아가는 자신의 삶을 진솔하게 풀어 놓고 있어서 누구라도 그 길에 동행할 수 있도록 도와줍니다. 피상적인 목회가 성공으로 포장되어 본질을 놓치기 쉬운 이 시대에, 날마다 주님과의 친밀한 교제를 누리며 자신만의 길을 걸어가는 그의 첫 번째 책을 모든 분들에게 추천합니다. 영성의 순례 길에 동역자가 되어준 그의 발걸음이 자랑스럽습니다.

이동원 목사
(지구촌교회 원로목사, 필그림하우스 원장)

군목 훈련을 함께 받으며 알게 된 홍기영 목사님은 참 다정하고 따뜻한 분이셨습니다. 창조교회와 가까운 곳에 부임하게 되면서 목사님과의 교제가 더욱 깊어졌는데, 그때서야 목사님이 제게 보여주신 친밀함이 하나님과의 관계로부터 나온 것임을 알게 되었습니다.

24시간 예수님을 바라보려는 제 안의 갈망에 대해 함께 나누면서 목사님께도 동일한 갈망이 있음을 알았고, 이에 대한 나눔이 큰 기쁨과 깨달음을 주었습니다. 제게는 늘 깊은 영성훈련에 대한 아쉬움이 있었습니다. 그래서 레노바레 한국 총무로 활동하시며 여러 훈련을 받고, 영성의 대가들과도 풍성한 교제를 나누는 홍기영 목사님이 귀하게 느껴지면서도 부러웠습니다. 그런 목사님이 책을 내신 것은 제게도 정말 감사한 일입니다.

목사님의 어린 시절 이야기는 다분히 율법주의적 경향으로 흐르기 쉬운 한국 교회 전통에서 누구나 깊이 공감할 이야기입니다. 저도 그러했습니다. 하나님의 사랑을 체험한 후 하나님의 음성을 듣는 귀가 열리고 마음에서 그리스도를 만나면서 하나님과의 친밀한 관계를 누리게 된 이야기는 놀랍기도 하고 제게 다가오신 주(主) 예수님을 바라보는 눈을 새롭게 열어주었습니다. 하나님에 대하여 많이 듣고 배웠지만 실제 하나님과의 관계에 대하여는 배우지 못한 사람들이 이 책을 통하여 하나님을 인격적으로 만나고 그분과 더욱 가까워지길 바랍니다.

_유기성 목사
(선한목자교회 담임목사)

이 책은 홍기영 목사님의 영혼의 일기장과 같은 책입니다. 읽으면서 마치 남의 일기장을 훔쳐 보는 것 같은 느낌이 들었습니다. 아니 어쩌면 나의 일기장을 저자가 훔쳐보면서 나의 내면에 있는 거북한 진실을 들추어내는 것 같은 느낌을 받았다고 하는 것이 더 맞는 표현 같습니다. 목회자로서 감추고 싶은 자신의 모습을 과감히 고백한 용기가 놀랍기만 합니다. 그래서 이 책은 감동을 주고, 자극을 주고, 도전을 줍니다.

말씀의 본질을 붙잡으면서 동시에 성령의 체험을 갈망하고, 성도들에게 열정을 쏟으면서 동시에 자신의 영혼을 위해 안식할 줄 아는 그는 참 건강하고 균형 잡힌 영성을 소유한 목회자입니다. 당신은 이 책 속에서 그 영성을 배울 수 있을 것입니다. 저자는 오랜 세월 하나님과의 친밀한 관계를 추구해왔고, 때로 실패하기도 하고, 좌절하기도 하는 고통스러운 과정을 거쳐서 하나님과의 친밀한 교제 속으로 들어가는 은총을 입었습니다. 우리는 친밀해지기보다는 익숙해 있습니다. 익숙함은 친밀함의 적입니다. 친밀한 사랑은 익숙함을 넘어 친밀함 안으로 들어가는 것입니다. 그 과정에서 우리는 불편한 진실에 직면하게 됩니다. 그것은 우리의 죄이자 우리가 쓰고 있는 가면입니다. 저자는 그 가면을 벗고 죄를 회개하여 친밀한 교제 속으로 들어가도록 권고합니다. 이 책을 통해 우리에게 주신 선물이자 은혜인 하나님과의 친밀한 관계를 누리는 복이 당신의 삶 가운데 펼쳐지길 바랍니다.

강준민 목사
(L.A. 새생명비전교회 담임목사)

위대한 사랑이
일으키는 기쁨의 여정

남아공에서의 안식년을 마치고 한국으로 돌아오기 위해 짐을 싸는 중에 반갑고도 낯선 메일을 받았다. 규장의 여진구 대표의 메일이었다. 경부고속도로를 지나면서 보아왔던 "왜 걱정하십니까? 기도할 수 있는데"라는 문구가 걸린 건물에서 여 대표를 만났다. 그리고 이 책이 시작되었다. 책이 나오기까지 1년의 시간이 걸렸다. 그 시간을 지나면서 계속 스스로에게 물었다.

'이미 수많은 기독교 서적이 출간되었는데, 내가 또 책을 낼 필요가 있겠는가.'

내 마음에는 이상한 부담이 있었다. 다른 이들이 들려주는 하나님과의 이야기를 들으면 늘 부러웠고, 내 안에도 하나님께 더욱 가까이 가고 싶은 마음이 간절했지만, 막상 그분께 가까이 다가가려고 하면 마음이 무거웠다. 내 마음에 무엇인가가 가로막고 있었다. 그런 내 마음을 정직하게 들여다보는 데 많은 시간이 걸렸다. 그러던 중 안식년을 통해 '하나님을 믿는 것은 그분과의 인격적인 교제로 이루어지는 관계'임을 생생하게 경험했다.

우리는 특별한 날만 사랑하는 사람을 만나길 원하지 않는다. 매일의 삶 속에서 크고 작은 일을 함께 나누며 기쁨을 누리고 싶어 한다. 이처럼 하나님과의 관계에서도 우리는 날마다 친밀한 대화를 나누며 살길 원한다. 그런데 그것이 바람만큼 쉽지 않다. 어떨 때는 하나님을 친밀히 느끼다가도 어느 순간 멀어진 것을 느끼곤 한다. 매일매일 그분과 친밀한 교제의 기쁨을 누리도록 하는 것, 그 마음의 소원이 이 책을 펴내게 했다.

하나님과 친밀한 관계를 누리는 기쁨은 하나님이 주신 선물이기에 사람의 노력으로 만들 수 없다. 그렇지만 이 선물을 받아 누리는 데는 약간의 '지혜'가 필요하다. 이 책에서는 어떠한 명제적 정리가 아니라 우리를 인격적으로 대하시는 하나님과 온전한 교제를 위한 그 지혜를 나누길 원한다.

1부에서는 근본주의적인 목회자의 자녀로서 내 삶을 나누었다. 진리를 이해하는 것과 그것을 누리며 사는 것의 괴리감 속에서 자라다가 하나님의 은혜로 선교단체를 통해 인격적인 하나님을 만났다. 하나님이 머리에서 마음으로, 지식에서 삶으로 다가오시면서 많은 변화를 경험했다.

　2부에서는 친밀한 관계를 구성하는 세 가지 기초인 사랑과 말씀과 언약에 대해 다루었다. 친밀함은 하나님의 사랑으로 주어진 것이며, 음성으로 듣는 말씀과 신실한 언약에 기초함을 말했다.

　3부에서는 주님이 내 마음에 왕으로 사시는 것과 내 마음의 현실을 의식하는 것 그리고 오직 믿음으로 하나님과의 관계를 시작하는 것을 말했다. 친밀함은 하나님에 대해 느끼는 한 순간의 감정이 아니라 믿음으로 하나님께 나아가는 사람이 가지는 하나님에 대한 지속적인 태도이기 때문이다.

　4부에서는 하나님의 인격성, 생각의 자리에서 이루어지는 하나님과의 대화, 보는 눈과 듣는 마음의 열림에 대해 썼다. 보는 눈, 듣는 귀, 깨닫는 마음(신 29:4)으로 만물 안에 계신 하나님을 느끼며 그분과 더불어 살아가는 삶의 기쁨에 대해 나누었다.

나에게는 하나님과 가까워지고 싶은 소원을 어떻게 펼쳐가야 하는지 모르는 어려움이 있었다. 짧지만 소중했던 은혜의 경험들을 통해 내가 알게 된 이 영역들에 대한 이야기를 5부에서 나누었다.

책을 쓰면서 독자들이 하나님과 친밀한 관계로 한 걸음 더 가까이 다가서게 되는 지혜들을 알아가길 기도했다. 그래서 친밀함이 구원의 기쁨을 더욱 견고히 하기를, 그리하여 우리의 마음이 회복되기를 소원한다.

예수를 너희가 보지 못하였으나 사랑하는도다 이제도 보지 못하나 믿고 말할 수 없는 영광스러운 즐거움으로 기뻐하니 믿음의 결국 곧 영혼의 구원을 받음이라 벧전 1:8,9

이 말씀이 마음의 생생한 현실로 넘쳐나기를 소망한다. 자신의 생명보다 귀한 사명이 더 선명해지기를, 그리하여 나를 사랑하시는 주님을 더 가까이 대하며 위대한 사랑이 일으키는 자존감으로 충만하여 존귀한 자의 길을 걸어가기를 소망한다.

2013년 9월

주안에서 홍기영

추천의 글
여는 글

PART 4 새로운 열림

PART 5 온전한 누림

닫는 글

CLOSER AND CLOSER

PART 1

인격적인
만남

성령님께 나를 내어드리는 훈련을 하면서 이론과 체계 안에서 걸어 나와 하나님과의 실질적이고 구체적인 관계가 열리는 경험을 했다. 마치 카메라에 있는 바늘구멍이 찰칵 열리고 빛이 들어온 느낌이었다. 기도의 뜨거움을 경험하고, 잃어버린 영혼을 향한 아버지의 마음을 느끼며 통곡하고, 찬양 속에서 가까이 다가오시는 성령 하나님을 경험하는 은혜를 누리는 시간들이 지나고 있었다.

예수를 나의 구주 삼고 성령과 피로써 거듭나니
이 세상에서 내 영혼이 하늘의 영광 누리도다

〈예수를 나의 구주 삼고〉 중에서

CHAPTER

1

멀게만 느껴지는
하나님

타협 없는 부모님의 신앙

나는 신앙에 있어서 타협이 없는 부모님 밑에서 태어났다. 말을 배우면서부터 성경을 암송했고, 그보다 어릴 때부터 성경 이야기를 들으며 자랐다. 세상에 태어나 처음으로 머리에 기록한 내용들이 이스라엘의 열두 지파, 예수님의 열두 제자 이름, 십자가에서 예수님이 하신 일곱 마디, 요한계시록에 나오는 일곱 교회 같은 것들이었다.

주일예배를 빠지는 일은 상상도 할 수 없었다. 몸이 아프면 기어서라도 교회에 가야 했다. 지금까지 주일예배는 엄마 배 속에서부터 한 번도 빠진 적이 없다. 나는 주일에 보는 시험은 고민 없이 포기했다. 태권도를 꾸준히 배워도 승급이 안 되었다. 승급 심사가 늘 주일에 있었기 때문이다.

부모님은 자녀를 양육하는 데 있어 성경의 원리와 원칙을 견고히 세우셨다. 내가 잘못하면 형도 함께 매를 맞았다. 아버지한테 매를 맞고 나면 어머니한테 또 맞았다. 체벌이 끝나면 우리는 빨가벗겨진 채로 집에서 쫓겨났다. 부모님이 우리에게 준 모든 것을 반납하고, 집을 나와 교회로 갔다. 부끄럽고 창피한 모습으로 찾아갈 곳은 하나님의 집밖에 없었다. 교회에서 눈물을 흘리며 기도하고 있으면 어머니가 우리를 데리러 오셨다. 나는 그때 죄인이 회개하지 않고 살아남는 길은 절대 없다는 것을 온몸으로 배웠다.

아버지는 목사로서 자신이 감당할 수 있는 교인의 최대치를 400명이라고 생각하셨다. 그래서 성도가 늘어나 적정선을 넘으면 그곳에서의 사명이 끝났다고 생각하시어 새로운 교회를 개척하셨다. 내가 제대할 무렵 아버지는 14번째 교회를 개척하셨다.

아버지께서 교회 개척을 사명으로 삼으셨기에 가정 살림은 늘 어려웠다. 교회 개척 사역은 목회자에게 재정적으로 힘든 일이다. 교인이 늘어난다고 해도 목회자 사례비는 늘지 않고 도리어 쓸 일은 더 많아지기 때문이다.

부잣집 딸로 태어나 일본 무사시노 음악대학을 나온 어머니는 가난한 아버지와 결혼한 후로 부족한 집안 살림을 위해 피아노 레슨을 하며 돈을 버셨다. 아버지도 사역 중간에 양봉(養蜂)을 하시면서 가정을 위해 일하셨다. 아버지는 먹을 게 떨어지면 참새라도 잡아 오시는 등 자식들을 굶기는 일이 없었다. 하루는 집에 음식이 하나도 없었다. 그날 나는 아버지 호주머니에 겨우 남아 있던 10원으로 혼자 크림빵을 사먹었다. 이런 어린 시절의 기억 때문에 나는 끼니를 의미 없이 거르지 않는다. '아버지가 어떻게 지켜주신 끼니인데…' 하는 생각 때문이다. 아버지는 가정의 생계가 어려운 상황에서도 뒤로 물러서지 않고, 늘 하던 대로 교회를 돌보셨다.

목회자를 아버지로 둔 친구들로부터 아버지의 모습이 교회에서와 집에서 다르다는 말을 많이 듣는데, 우리 아버지는 늘 일관성 있으셨다. 교회에서도 엄격하시고, 집에서도 엄격하셨다. 교회에서도 성경으로 야단치시고, 집에서도 성경으로 야단치셨다. 아버지는 성경을 말하고 성경대로 살기에 애쓰는 삶을 사셨다. 한 번은 내가 책 읽는 걸 보시고는 한마디 하셨다.

"왜 다른 책을 읽니? 성경 말고 다른 게 필요하다고 생각하니?"

또한 부모님은 기도의 사람이셨다. 아버지는 큰 병도 기도로 고침 받으셨고, 어머니는 늘 기도 소리로 우리를 깨우셨다. 부모님은 내게 기회가 될 때마다 이렇게 말씀하곤 하셨다.

"세상 나라와 타협하면 안 된다."

"순교할 기회가 있으면 무조건 죽어야 된다. 그런 기회는 쉽게 주어지는 게 아니니까 그때 딱 죽어."

이런 부모님의 모습이 내게는 아주 자연스러웠다.

　내가 태어나 경험한 세상은 하나님이 공기와 같이 실재(實在)하는 곳이었다. 나에게 "하나님은 사랑이시다"라는 말은 "지구에는 공기가 있다"는 말과 같은 의미였다. 하나님께서 우리 가족을 돌보신다는 것을 부인할 수 없었다. 그런데 '부인할 수 없다'라는 말은 거꾸로 '내 안에 부인하고 싶은 불만이 있었다'는 고백이다.

　내가 일곱 살 즈음이었다. 부흥회에서 뜨거운 은혜를 받고 들뜬 마음으로 집에 돌아오면서 어머니와 나눴던 대화가 기억난다.

　"오늘 부흥회 좋았니?"

　서너 시간 동안 앉아 있어야 하는 부흥회를 내가 좋아서 참석한 것이었다. 나는 그날의 감격에 흥분해서 말했다.

　"엄마, 나 오늘 성령 받은 거 같아요."

　"그래?"

　어머니는 더 묻지 않으셨지만 그 말에는 "너 방언 했니?" 하는 의미가 담겨 있는 것 같았다. 나는 그 다음 날에도 집회에 참석했다. 내 옆에는 조금 어리숙해 보이는 누나가 앉았는데 목사님이 기도하자고 하니 곧 그 누나가 방언으로 기도하기 시작했다. 나도 열심히 기도했지만 나에게는 아무 일도 일어나지 않았다. 나는 그 누나의 방언 소리만 듣다가 끝내 아무 일도 경험하지 못한 채 일어났다.

　'왜 나는 안 줘!'

　눈앞에 은사 체험들이 보이고 기적들이 일어나는 곳에 살았지만 나에게 일어난 일은 아니었다. 내 안의 갈망은 '소리 없는 불만'으로 자라나고 있었다.

나의 꿈은 오로지 목사

내가 처음 목사가 되겠다고 한 것은 여섯 살 때였다. 나는 목사가 되기 위해 태어났다고 생각하며 자랐다. 누가 시켜서가 아니라 내 안에 처음부터 그런 사고가 내재되어 있었다. 굳이 이유를 생각해 본다면 내가 아버지 생일에 태어났다는 점에서 목사인 아버지와 나를 동일시했던 것 같다. 케이크 하나에 먼저 아버지가 촛불을 끄고 나면 다시 초를 꽂고 내가 촛불을 불면서 뭔가 겹쳐지는 느낌이 있었다.

'나도 아빠처럼 되어야 하나 보다.'

또 다른 이유는 아버지가 하는 일이 좋아보였기 때문이다. 우리 아이들도 어렸을 때는 내가 굉장한 사람인 줄 알았다고 한다. 많은 사람들 앞에서 혼자 말하고 있기 때문이다. 나도 어렸을 때 그런 마음이 들었던 것 같다.

나는 일찌감치 신학교에 들어갈 마음이었기에 고등학교 때부터 칼빈 주석을 읽는 등 또래 학생들과는 좀 다르게 살았다. 개척 교회를 하시는 아버지 덕분에 고등학교 1학년 때부터 교회학교 선생님을 했는데 어떤 주일에는 설교도 했다.

부모님은 공부하라고 강요하시는 일이 없었다. 부모님이 나에게 바라는 것이 있다면 '예수 잘 믿고 성경 더 읽는 것'이었다. 하지만 그것조차도 강압적으로 하지는 않으셨다.

"성경도 자기 스스로 봐야지."

하루는 성적이 떨어진 성적표를 보고 아버지가 말씀하셨다.

"잘했다. 너무 공부 열심히 하지 마라. 일등하면 피곤하다."

하지만 나는 알고 있었다. 내가 공부를 못하는 것보다 잘하는 것을 더 원하신다는 것을. 아버지는 최대한 내 세계를 자유롭게 살아가도록 배려해주시려고 했음을 지금에서야 알 것 같다.

하나님과 나 사이의 거리감

내가 고등학생 때 이단인 구원파를 비롯해서 자꾸 언제 구원받았는지 묻는 사람들이 많았다. 하지만 나는 '언제'를 기억할 수 없었다. 그렇다고 변화된 시점이나 증거를 제시할 수도 없어서 난감했다. 그냥 엄마 배 속에서부터 교회에 다녔고, 예수님이 거하시는 세상에서 살았다. "구원을 확인하라"는 말들에 시달리다가 아무래도 영접 기도를 해야겠다 싶어 하루는 예배당에 혼자 갔다.

"주님, 오늘 예수님을 영접하는 것으로 해야겠어요. 자꾸 물어보는데 영접을 안 한 것도 아니고 한 것도 아닌 것 같아요."

나는 십자가를 바라보고 고백했다.

"예수님을 나의 주님으로 영접합니다."

큰 감격이 있는 것은 아니었다. 이미 예수님은 내게 주님이셨다.

당시 내 마음속에는 주님께 온전히 드리지 못한, 반복되는 죄의 문제가 있었지만 그럼에도 불구하고 내 마음의 주인은 오직 주님이셨다. 강한 용사이신 주님이 이미 내 마음을 점령하고 계셨기 때문이다. 다른 것이 내 마음에 침투할 수 있었지만 점령할 수는 없었다. 그것은 부인할 수 없는 사실이었다.

그런데 문제는 내게 그 사실이 만져지거나 느껴지지 않는다는 것이었다. 진리는 거부할 수 없이 빛나고 있었지만 진리대로 살지 못하는 나 자신을 보며 지겨움을 느꼈다. 지금은 내가 왜 그러했는지를 안다. 그때 나는 하나님께서 내게 인격적으로 던지시는 말씀을 듣지 않았다. 아버지의 영향으로 성경의 많은 부분을 이해하고 있었지만, 성경의 핵심인 '하나님의 사랑'에 대한 감격이 없었다. 그 성경 안에서 나를 만나시고 말을 건네 오시는 하나님과 교제하지 않았다. 부모님의 기도를 들어주시고 응답하시는 하나님은 분명하지만 내 기도에 응답하시는 하나님인지에 대해서는 자신이 없었다. 한마디로 나는 부모님에 기대어 하나님을 바라보고 있었다. 살아계신 하나님을 믿지만 하나님과 나 사이의 관계는 아무런 진전도 없었다.

불편한 마음

나는 중고등학교 때 사춘기를 지나면서 성적(性的)인 부분에서 많은 유혹을 받았다. 음란한 상상들에 많이 시달렸는데 회개를 해도 죄의 문제는 해결되지 않았다. 상상은 잘 들키지 않는 죄이다. 그래서 나는 반복하여 죄를 지으면서도 나를 잘 포장하며 지냈다.

나는 교회에서 칭찬받는 학생이었다. 학교에 있는 시간 외에는 거의 교회에서 지냈다. 주일학교 봉사는 물론이고, 교회 청소를 비롯해 교회에서 이루어지는 공사까지 도왔다. 성경 지식이나 말씀을 해석하는 능력도 뛰어났는데 간혹 전도사님도 잘 이해하지 못하는 성경 구절의 의미를 설명하기도 했다.

종교적인 요소들로 잘 다듬어진 내 모습은 내 죄를 사람들 앞에서 숨겨 주었다. 그러나 주님 앞에서는 그럴 수 없었다. 찬양하고 예배하며 때로는 부르짖어 기도했지만 주님 앞에 가기가 부담스러웠다. 주님은 죄인을 용서해주시는 분임을 알고 있었지만 반복되는 나의 죄로 인해 마음이 편할 수 없었다.

나는 '하나님'이 아닌 '사람'에게 관심의 초점을 맞춘 신앙생활을 했다. 물론 그런 신앙생활에 기쁨이 있을 리 없었다. 나는 하나님의 전능하심을 부인하지는 않지만 그 능력을 기대하지 않았고, 그분의 사랑을 인정하지만 누릴 수 없는 모호하고 어지러운 마음에 갇혀 있었다. 다른 사람은 알지 못하지만 내 양심은 알고 있는 나의 내면과 다른 사람에게 보이는 겉모습 사이에 갈등이 일어났다.

그 시기에 내 양심을 울리는 소리가 들려왔다. 내 안에 어두움으로 음침히 잠들어 있는 나를 깨우는 소리였다. 하지만 그 소리를 피해 나는 더 이중적이고 스스로도 싫어하는 모습으로 나를 끌고 갔다. 나는 하나님에 대해 많은 이야기를 하고 있었지만 실은 하나님으로부터 멀어지고 있었다. 어린 시절 부모님의 신앙에 기대던 때에 주님과 가졌던 자연스러운 사랑의 느낌조차 무디어져갔다. 하지만 희미해질수록 더욱 간절해지며, 포기할 수 없도록 나를 몰아가는 무언가가 있었다.

　'이건 아니다.'

　이런 생각이 모든 반항과 뒤틀림을 뒤좇아 내 마음에 불편함을 일으키고 있었다.

하나님과의 교제가
시작되다

왜 목사가 되기 원하니?

나는 하나님에 대한 사실들을 이미 잘 알고 있었다. 그런데 그 진리를 기쁘게 누리지 못하는 것이 내 갈등의 근본 원인이었다. 그것이 결정적으로 드러나게 된 곳은 신학교에서였다. 신학교에 갔더니 교수님들이 이런 질문으로 나를 괴롭혔다.

"구원받은 것 말고 네가 하나님께 부름받은 근거를 대봐라."

목사가 되기로 한 소명의 근거를 밝히라는 것이었다.

한 학생이 이야기했다.

"기도하다가 피 흘리시는 예수님을 보고 헌신을 결단했습니다."

안타깝게도 나는 보지 못한 것이었다.

"주님께서 제 이름을 부르시는 소리를 듣고 헌신했습니다."

그것 또한 내가 듣지 못한 소리였다.

내 차례가 됐다.

"저는 아버지가 목사님인데 아버지 생일에 태어나서요."

이것 말고는 할 말이 없었다.

원래 잘못된 것을 보면 꼭 지적해야 하는 성향이었던 나는 신학교에 들어가자 이 교회는 이것이 잘못됐고, 저 교회는 저것이 잘못됐다는 등 날카로운 비판 실력을 나타냈다. 그러던 어느 날 하나님께서 나에게 도전적인 질문을 던지셨다.

"대체 너는 뭘 원하니? 그래, 네 말대로 그 교회는 틀렸다. 그러면 너는 어떤 교회를 원하느냐?"

이 질문에 한마디도 대답할 수 없는 나를 보며, 그동안 내가 에너지만 낭비하고 있었다는 사실을 깨달았다. 그때 내 안에 있는 문제들이 보이기 시작했다. 머리로는 알고 있는 진리들이 마음으로는 내려오지 않아 삶으로 이어지지 않고 있었다. 인정하고 싶지 않은 내 삶의 현실이었다.

할렐루야 따라 하기

그러던 중 교회 대학부 누나를 통해 예수전도단을 알게 되었다. 예수전도단은 수많은 젊은이들이 전 세계로 복음을 들고 가도록 파송하는 국제적인 선교단체였다. 명동에 있는 YWCA 건물에서 화요 모임을 했는데, 천 명이 넘는 젊은이들이 모여 예배를 드렸다. 막 시작한 예수전도단 대학부는 종로2가에 있는 전주비빔밥집 2층의 작은 방에서 모임을 가졌다. 하루는 설교가 끝나고 예배인도자가 두 가지 도전을 했다.

"지금 예수님을 영접하실 분, 일어나세요."

나는 예전에 교회 본당에서 혼자 예수님을 영접한 것을 떠올렸다.

'그때 예수님을 영접했으니 안 일어나도 되겠지.'

"다음으로 성령세례 받으실 분들을 위해 기도하겠습니다. 소원이 있으신 분들은 나오세요."

순간 고민이 되었다.

'예수님을 믿으니 내 안에 성령님이 계시는 것 아닌가. 그리고 어렸을 때 부흥회에서 성령을 받았던 거 같은데….'

그때 뒤에서 어떤 소리가 들려왔다.

"여기에 아직 방언 못하는 사람도 많아."

결국 그 소리에 밀려서 앞으로 나갔다.

아버지는 평소 내게 안수기도나 은사에 대해 주의를 많이 주셨다.

"아무 데서나 머리 디밀지 마라. 안수기도는 함부로 받는 게 아니야. 방언도 누군가를 따라 한답시고 되는 게 아니고 말이야."

아니나 다를까 염려하던 일이 일어났다.

그날 누군가 내 머리 위에 손을 얹더니 "할렐루야"를 따라 하라고 했다. 당시에는 은사운동을 하는 분들이 기성교회 안에 수용되지 못해 밖으로 돌던 시절이었다. 기도원뿐 아니라 선교단체 모임에도 그런 사람들이 많이 와 있었는데, 나에게 "할렐루야"를 강요했던 사람도 예수전도단 사람이 아닌 외부 사람이었다.

"할렐루야."

"빨리 하세요."

"할렐루야, 할렐루야, 할렐루야, 할렐루야."

나는 아주 정확하게 빨리 했다. 옆에서는 성령님이 임하신 것을 찬양하고 감사하는 소리가 들리는데 나는 여전히 "할렐루야"만 빠르게 반복하고 있었다.

'내가 왜 말을 흐려야 돼? 할렐루야가 할렐루야지.'

결국 아무 소득도 없이 집에 돌아가면서 생각했다.

'찬양도 좋고 말씀도 좋은데, 좀 문제가 있네.'

그 다음부터는 모임에 나가지 않았다.

하나님과 화해하다

그 후로도 영적인 고민과 갈등은 계속되었다. 그러던 어느 날 지금은 네팔에서 선교활동을 하고 있는 군목 동기 최희철 목사님이 한 가지 제안을 했다.

"예수전도단에서 이번에 대학생 DTS(예수제자훈련학교)가 생겼대. 우리가 군목이 될 사람들인데 훈련이라도 하나 받고 가야 하지 않겠냐? 같이 가자."

그는 예수전도단에서 계속 활동을 하고 있었다. 당시 예수전도단은 캠퍼스 사역을 시작한 지 4년쯤 됐을 때라 학생 리더들이 꽤 있었다. 대학생 DTS는 그 리더 그룹에서 훈련 대상을 선발했기 때문에 나는 자격 요건이 되지 않았다. 그런데 작은 일도 기도하며 하나님의 뜻을 구하는 단체의 특성상 나를 놓고 기도했고, 나는 DTS 훈련을 받을 수 있게 되었다.

종로5가에 있는 다 허물어져가는 선교사님 댁에서 훈련이 시작되었다. 추운 겨울인데도 기름 넣을 돈이 없어 냉골에서 자면서 훈련을 받았다. 8개월 동안 공동생활을 했는데 거처가 여의치 않을 때는 각자 집에 다녀오기도 했다.

나는 그 기간 동안에 또 다른 어려움을 겪었다. 그곳에서 방언을 못 하는 사람이 나 한 명이라는 것이 마음을 어렵게 했다. 나는 다시 아버지의 가르침을 떠올렸다.

"바울도 '다 방언을 말하는 자이겠느냐'라고 말하지 않았니? 주님이 주시는 대로 해라. 그런데도 너에게 소원이 계속 있으면 기도하고 기다리렴."

나는 방언을 달라고 기도했는데 주님이 주시지 않았고, 그렇다고 소원이 계속 있는 것도 아니어서 그냥 있었을 뿐이다. 그런데 거기서는 전부 방언으로 기도를 했다. 나는 하는 수 없이 그 시간을 할렐루야 무한반복으로 채우고 있었다. 그런데 문제는 갈수록 커졌다. 방언기도를 하고 나서 찬양을 하다가 어느 순간 보면 모두 방언 찬양을 하고 있었다. 그건 도저히 따라할 수가 없었다.

나만 못하니까 자존심이 너무 상했다. 게다가 나는 신학생이 아니던가. 이후로 성령세례를 받고 싶은 사람은 일어나라고 할 때마다 일어났다. 그때마다 내가 듣는 말은 똑같았다.

"이미 주셨으니까 순종해."

'아니, 주셨으면 내가 알지 당신이 아나요?'

턱밑까지 차오르는 말을 누르고 더 기도해달라고 부탁했다. 모임마다 내 주위에서는 "주시옵소서!"의 외침이 끊이지 않았다. 그런데 시간이 더 흐르자, 사람들은 나에게 기도해주러 오지 않았다.

그러던 어느 날 아침 나는 혼자 다락방에서 기도하고 있었다.

'하나님, 저는 방언이 싫어요. 하지만 저만 못하니까 저한테도 좀 주세요.'

그때 내 마음에 들려오는 아주 세미한 음성이 있었다.

'내가 너에게 이상한 거 주겠니?'

주님은 내가 스스로를 묶어놓고 있는 염려들에 대해 말씀하셨다. 나는 방언을 할 때 혀가 말려들어가고 입을 다물어도 이상한 소리가 터져 나온다는 이야기를 듣고 나서 그런 현상이 일어날까봐 두려웠다. 이 생각이 스치는데 다시 마음의 소리가 들려왔다.

'설령 네가 이상해진다 하자. 내가 너를 사랑하는데 그냥 놔둘 것 같니?'

그때 혹시라도 내가 잘못될 수 있다는 걱정에서 놓였다. 비로소 내가 이해되는 것만을 하려는 나를 내려놓고 주님께 맡기며 기도하게 되었다. 그런 후에 소리를 내서 기도하는데 좀 어눌한 말처럼 방언이 나왔다. 그때 하나님이 주시는 평강이 찾아오면서 내 머리와 가슴 사이의 통로가 조금 열리는 기분이었다.

가만히 생각해보면 나는 오랫동안 하나님께 삐쳐 있었다. 삐친 사람의 특징은 늘 비판거리를 찾는다는 것이다. 내가 그랬다. 내가 가진 알량한 신앙적 지식으로 타인과 교회를 가차 없이 비판했다. 그런데 그 뿌리가 하나님과 나 사이의 불화 때문이라는 것을 알게 되었다. 나는 기도의 언어에 마음을 담아 기도하며 하나님과 조금씩 가까워지기 시작했다.

들리지 않는 음성

DTS 훈련을 받으며 또 다른 낯선 관문이 있었다. 바로 하나님의 음성을 듣는 것이었다.

"음성을 들으려면 죄가 없는 깨끗한 마음이어야 한다. 여호와를 경외하는 마음이 있어야 한다."

'하나님의 음성 듣기 강의'에서 마음의 준비 과정을 비롯해 30가지 정도 되는 다양한 음성 듣기의 통로를 배웠다.

"주님께서 말씀하시는 통로는 다양한데 천사를 통해서 말씀하실 수 있고, 꿈을 통해서 말씀하실 수 있고, 자연을 통해서 말씀하실 수도 있다."

하지만 가장 강조되는 것은 내가 들어야 한다는 것이었다.

"오늘 어느 나라를 위해서 기도해야 할지 주님께 묻고 나누시겠습니다."

나는 눈을 감고 기도했다.

'주님 어느 나라를 위해서 기도해야 됩니까?'

아무 소리도 들리지 않고 머릿속에서 지구본만 빙빙 돌았다. 묻는 기도가 끝나고 사람들은 돌아가면서 자신이 들은 것을 나누었다. 나는 가만히 있을 수밖에 없었다. 하루 이틀 지나자 조금씩 마음이 답답해져 친구에게 물었다.

"대체 어떻게 듣는 거냐?"

"그냥 듣는 거지."

'근데 들은 말씀이 네 생각은 아니니?'라는 말이 목까지 올라오는데 분위기상 차마 말을 할 수는 없었다. 하나님의 음성이 어떤 것인지 알 수가 없었다. 세미한 소리와 생각이 구분되지 않고, 양심의 소리인지 주님의 음성인지 알 길이 없었다.

'하나님이 시내산에서 모세에게 말씀하실 때처럼 우레와 같은 소리로 들려야 되는 것 아닌가?'

묵상을 나눌 때도 지적을 당했다.

"성경 공부한 내용이 아니라 주님과 교제한 내용을 이야기하세요."

하루는 홍성건 목사님께 내 상황에 대해 말씀드렸다.

"목사님, 너무 힘듭니다."

"20년 넘게 안 하던 걸 시작하는 것이니 그럴 수 있어요. 천천히 해요."

따뜻하게 격려는 해주셨지만, 큰 위로는 되지 못했다. 나는 여전히 아침마다 조용히 자리만 지킬 뿐이었다.

마음에 건네시는 말씀

얼마 후부터는 하나님의 음성을 듣는 것에서 나아가 구체적이고 실질적인 기도를 하라고 했다. 그래서 우리나라의 통일을 위해서 기도하고 있는데, 간사님 한 분이 자신은 탕수육을 구하는 기도를 드렸다고 말했다.

"하나님이 주시겠다고 응답하셨어요."

그 말을 듣고 나는 속으로 웃음이 나왔다.

'그걸 기도라고 하고 있다니. 기도다운 기도를 해야지.'

그런데 그날 저녁, 그 간사님이 탕수육을 먹었다고 고백하는 게 아닌가! 흠칫 놀랐지만 정신을 가다듬고 생각했다.

'그렇게 탕수육이 먹고 싶다고 떠벌리며 다니는데 누군가 사줬겠지.'

그런데 그 순간 주님이 내 마음에 한마디를 건네시는 걸 느꼈다.

'너는 나한테 자장면이라도 얻어먹어 봤니?'

뒤통수를 한 대 얻어맞은 것 같았다. 어릴 때부터 부모님이 하나님께 구하여 받는 것을 보아왔지만 내가 주님께 구해서 얻은 것은 없었다.

시간이 점점 흐르면서 나는 마음에 건네져오는 말이 있다는 사실을 알게 되었다. 그렇게 생각으로 주어지는 것들을 나누기 시작했다. 하나님께 묻고 그때마다 떠오르는 나라를 위해서 기도했다. 훈련생들은 기도노트를 적었다. 처음에는 기도노트 적는 것이 지루했는데, 한 번 놀라운 일을 경험하고 나서는 생각이 달라졌다.

루마니아의 차우셰스쿠(루마니아의 독재자, 1918-1989) 정권이 무너질 때, 예전에 이를 위해 기도한 것이 생각나서 기도노트를 펼쳐봤더니 차우셰스쿠의 사망을 위한 기도가 적혀 있었다(그는 정권이 무너지자 도주를 시도하다가 총살당했다).

그런 경험을 통해 이제 하나님은 내 삶 속에서 나와 동행하시는 분이 되었다. 나의 무지와는 상관없이 주님이 다가와 이끄시는 관계가 내 삶 속에서 하나씩 쌓여가고 있었다.

주님과의 첫사랑

돌이켜보면 그때가 나에게 첫사랑인 것 같다. 그 오랜 세월 나와 함께해주신 하나님 입장에서는 조금 섭섭하실 것 같긴 하지만 말이다.

성령님께 나를 내어드리는 훈련을 하면서 이론과 체계 안에서 걸어 나와 하나님과의 실질적이고 구체적인 관계가 열리는 경험을 했다. 마치 카메라에 있는 바늘구멍이 찰칵 열리고 빛이 들어온 느낌이었다. 견고한 아버지와 장로교회에서 받은 교리 훈련이 나를 잘 지켜줬기 때문에 그런 은사와 경험이 축복이 되었다고 생각한다. 그 견고함을 딛고 벼랑 끝에 서는 일에 순종해보기 시작했다.

이것이 중요한 터닝포인트가 되어 그때부터 죄의 요소를 이기고 극복하기 시작했다. 전에는 마음으로부터 이미 져 있었다. 죄를 짓고 다시 회개하는 것의 반복이었다. 주기도문을 하고, 십자가를 생각해도 음란한 생각이 사라지지 않으면 끝도 없는 좌절에 빠졌다.

'내가 진짜 십자가를 믿기는 하는 건가?'

그런데 이제는 거절할 수 있었다. 성령님이 내 마음의 현실이 되니까 자연스럽게 좋은 것 안에 있고 싶은 소원이 생겼다. 주님과의 친밀함이 주는 행복을 빼앗기기 싫었다. 일찍 일어나 기도하고 싶고, 주어진 과제를 열심히 하고 싶은 마음도 생겼다. 화요 모임, 수요 리더 모임, 목요 캠퍼스 모임, 금요 전체 캠퍼스 모임에 참석했고, 주일에는 전도사 역할까지 했다. 공부할 시간이 많이 부족했지만 최선을 다했다. 그리고 정식 간사는 아니지만 자원 사역을 하며 공동생활집에서 함께 지냈다.

기도의 뜨거움을 경험하고, 잃어버린 영혼을 향한 아버지의 마음을 느끼며 통곡하고, 찬양 속에서 가까이 다가오시는 성령 하나님을 경험하는 은혜를 누리는 시간들이 지나고 있었다.

하지만 내 삶에서 빼놓지 않고 반복되는 것이 있었다. 바로 고난이었다. 재정이든 관계든 질병이든 늘 괴로운 것이 한두 가지씩 있었다. 지난 삶을 돌이켜 보면, 내 영혼을 다듬어 주님의 사랑 안으로 깊이 이끈 것은 다름 아닌 고난이었다.

DTS를 끝내고 열심히 주님을 섬기던 시절, 우리 가정에 청천벽력 같은 일이 일어났다. 하나밖에 없는 형이 25세의 나이에 죽은 것이다. 형은 화려하게 자신을 맞아주던 세상을 버리고 주의 종이 되기 위해 신학교에 들어가 공부하던 중이었다. 그날 형은 자신이 지휘하던 찬양대원들과 산을 오르는 도중 그만 심장이 멎어버리고 말았다.

연락을 받고 부랴부랴 병원으로 가는 택시에서 아버지가 말했다.

"네 형이 죽었다."

병원에서는 매우 위중하다고만 했는데 결국 아버지의 말은 사실이었다. 병원에서 우리를 기다리는 것은 이미 식어버린 형의 시체였다. 아버지는 죽은 형을 데리고 집으로 왔다. 그리고 형 방에 뉘어 놓고는 발을 붙잡고 살아나게 해달라고 간절히 기도하셨다. 그런 아버지의 모습이 내 마음 깊이 새겨졌다. 그날 우리는 하나님으로부터 거절의 아픔을 경험하고 있었다.

성악과 출신이었던 형은 고가의 아르바이트를 해서 재정적으로 넉넉했다. 하루는 배가 고프다는 나를 뷔페에 데리고 가서 맘껏 먹을 수 있게 해주었던 기억이 난다. 우리는 한 방을 쓰면서 자랐고, 각자 친구들의 비리까지 서로 다 아는 사이였다. 그런 형이 죽었다.

사람들은 위로의 말을 건넸다.

"하늘나라에 일꾼이 필요해서 데려간 모양이다."

나는 분노가 올라왔다.

'일꾼이 필요하면 목사님들 중에서 데려가지 왜 젊은 형이 죽어야 하나!'

어떤 분은 이렇게 말했다.

"네가 형 몫까지 살아라."

'내 삶도 살기 쉽지 않은데 형 몫이라니, 됐습니다.'

가장 위로가 된 것은 그저 아무 말 없이 같이 울어주던 사람들이었다.

하늘나라가 가까워지다

형의 장례는 집에서 치러졌다. 입관을 하고 관에 기대어 앉아 있는데 문득 한 가지 생각이 들어왔다.

"하나님은 선하시다."

형을 죽음으로부터 보호해주지 않으셨다는 생각에 하나님을 원망했던 내 곁에서 그분은 함께 아파하고 눈물 흘리고 계셨음을 알게 된 것이다. 그때 비로소 충분히 슬퍼할 수 있었다. 눈물을 쏟으며 코스모스가 가득 피어 있는 통일로를 따라 형을 묻고 돌아왔다.

나는 아직도 형의 죽음을 이해하지 못한다. 그러나 형의 죽음이 내 영혼에 가져온 축복은 놀라운 것이었다. 우선 나는 겸손해졌다.

"사명이 있으면 죽지 않아"라고 말하던 교만을 내려놓았다. 하나님은 언제라도 내 목숨을 거두실 수 있다는 엄연한 현실을 마음에 새겼다. 회개도 많이 했다.

하지만 이 모든 것이 형의 죽음을 설명하지는 못한다. 이해되지 않은 상황이라 해도 하나님의 선하심에 대한 믿음이 있다면 그 한 가지만으로 주님과의 관계를 지속하는 데에 문제가 없었다.

나는 레노바레(라틴어로 '새롭게 하다'라는 의미로 리차드 포스터가 창시한 영성 운동)를 통해 필립 얀시를 알게 되었는데, 2010년 한국 레노바레 세미나에 그를 초청했을 때 그는 고통에 대해 이렇게 말했다.

"우리는 아프면 그 고통의 원인을 병원에 가서 떼어 놓고 싶어 한다. 의학적으로 가장 큰 고통은 출산인데, 어느 누구도 그 고통의 원인을 병원에 두고 오려는 사람은 없다. 고통은 풀어버려야 할 문제가 아니라 완성시켜야 할 작품이다."

결코 풀 수 없는 문제로 여겼던 형의 죽음이 내 영혼을 다듬었다. 형의 죽음은 늘 나에게 인간의 유약함을 되새기게 한다. 언제든지 내가 하던 일이 중단될 수 있다는 사실을 염두에 두게 한다. 또 하늘나라가 형 덕분에 가까워졌다. 내가 가야 할 나라임이 분명한데 그 나라에 형이 먼저 가 있다는 생각이 천국을 친근하게 만들어주었다. 낙원에서 주님과 함께 있는 형의 영혼에 대한 마음은 갑작스런 헤어짐이 가져온 상실의 아픔을 그리움으로 바꾸어주었다. 그리고 주님의 나라가 더욱 보고 싶고, 가고 싶도록 했다.

2012년 1월, 안식년 기간 중에 나는 눈 내리는 예루살렘을 밟을 수 있는 축복을 누렸다. 개인 시간을 보내며 누릴 수 있었던 축복의 절정은 새벽에 성묘교회(Church of the Holy Sepulchre)에서 기도하는 것이었다. 골고다 언덕에 위치한 성묘교회는 다른 시간에는 순례객으로 무척 붐비는 곳이다. 그래서 잠시 머물러 기도할 틈도 없다. 하지만 새벽 5시쯤 성묘교회에 가면, 등불에 기름을 채우는 정교회 수사 외에는 한두 명 정도만 기도하러 온다. 6시경에는 미사가 시작되면서 파이프 오르간 소리가 아름답게 울려 퍼진다.

그곳에서 기도하며 주님께 물었다.

"주님, 주님의 십자가가 지금 제게 어떤 의미가 있습니까? 주님의 뒤를 따라 십자가를 지기로 결심했는데, 제게는 그것이 무엇이 되어야 하겠습니까?"

기도하면서 '십자가는 사랑이다'라는 익숙한 사실이 내게 새롭게 다가왔다. 그리고 사랑이란 타인의 유익을 추구하는 행동임을 주님은 다시 한 번 가르쳐주셨다.

그런 다음 내가 다른 이들을 십자가의 사랑으로 사랑했나 생각해보니 나와 가까운 장로님들조차 그렇게 사랑하지 않았던 내 모습이 보였다. 교회를 위해서 이런저런 일들을 해주기만 바라왔지 그들 영혼의 곤고함과 삶의 아픔들을 품고 사랑해주지는 못했다. 그들을 이해해주기보다 내 생각만을 고집했던 것이다.

그런 과정을 겪으면서 회복이 일어났고 하나님과 나의 관계에도 평화가 찾아왔다. 주님께 가까이 다가가서 그분을 만나고 의식하는 게 왜 기쁨인지에 대한 구체적인 마음의 변화들을 경험하게 되었다. 그러자 내가 걸어갈 길이 보였다. 다른 사람의 유익을 위해 나를 희생하는 사랑의 길이었다.

교회가 정체되고 교인들의 삶에 어려움이 찾아오고 목회자로서 꼭 죄 지은 것 같은 생각에 마음이 어두울 때, '이 터널을 지나며 네 영혼을 다듬는 것이 너를 향한 나의 최고의 계획'이라고 말씀해주시는 주님의 사랑이 나를 힘 있게 하셨고, 주님께로 나를 더 가까이 이끄셨다. 그리고 더 가까이 가는 이 길의 끝에서 주님의 얼굴을 뵙고 주님의 품에 안기는 소원을 내 안에 일으키셨다. 하루하루 더 가까이 다가가는 영원한 사랑의 동행을 기뻐하게 하셨다.

이제는 동료들을 격려하면서 즐겁게 일한다. 구원받는 자의 수를 날마다 더하게 하실 주님을 바라보며 나아간다. 성경을 가르치며, 영성훈련을 진행하고 교우들에게 찾아온 위기를 붙들고 담대히 기도한다. 더 가까이 다가오시는 주님의 친밀함이 내 영혼의 불붙는 소망으로 타오르고 있기 때문이다.

CLOSER AND CLOSER

사랑의
이끄심

무지개를 바라보라! 비가 온다고 다시 방주로
달려가서는 안 된다. 또 자신의 죄성과 나약
함에 쉽게 낙심해서도 안 된다. 빗방울이 굵어
지고 먹구름이 커져도 나를 위한 하나님의 사
랑은 결코 사라지지 않음을 믿으며, 눈을 들
어 하늘에 펼쳐진 무지개를 바라보아야 한다.
우리를 부르신 하나님은 이 사랑 속에 우리와
의 관계를 두셨다. 이 사랑은 내가 세워가는
것이 아니다. 주님의 사랑이 나를 이끌어간
다. 여기에 우리의 희망이 있다.

언제나 주는 날 사랑하사 언제나 새 생명 주시나니
영광의 그날에 이르도록 언제나 주만 바라봅니다
〈구주와 함께 나 죽었으니〉 중에서

흔들리지 않는 그분의
사랑을 신뢰하라

안식의 출발

사람의 마음에는 '친밀함'에 대한 깊은 갈망이 있다. 우리 영혼은 하나님의 사랑을 친밀히 느끼는 삶을 갈망한다.

그런데 바쁜 현대 사회에서 하나님과 친밀하게 지내기가 쉽지 않다. 그것은 목회자에게도 마찬가지다. 안식년을 떠나기 전, 수많은 일로 축적된 내 몸의 피로는 하나님과의 친밀함을 방해했다. 나에게는 일적으로 쉼이 필요했고 하나님과의 관계에 있어 회복이 필요했다. 삶에 쉼이 없으면 마음은 쉽게 지치고 말라버린다. 그런데 치열한 세상은 이러한 쉼을 이해하지 못한다. 쉼을 계획한다는 것 자체가 뒤처지는 일이라고 여긴다. 쉬고 다시 돌아왔을 때 도태되지는 않을지 염려되기 때문이다. 하지만 쉼은 결코 뒤처지거나 도태되게 하는 일이 아니다.

하나님께서는 지쳐 있는 나를 안식의 세계로 인도하셨다. 나는 지난 안식년 동안 남아공에서 많은 시간을 보냈다. 처음부터 남아공으로 가려고 한 것은 아니었다. 실은 친척들과 큰 아들이 있는 미국으로 가고 싶었다.

그런데 아내의 한마디에 마음이 어려워졌다.

"편안한 미국보다는 선교지에서 안식년을 보내야 하지 않을까요?"

그러던 중 교회 선교센터 문제로 선교위원장님과 남아공을 방문하게 되었다. 그리고 모든 것이 달라졌다. 선교센터를 결정하는 일은 아무런 소득 없이 끝이 났다. 그런데 내게는 하나님께서 주신 다른 선물이 있었다. 그것은 바로 무지개였다.

내가 방문했던 시기가 우기여서 그런지 가는 곳곳마다 하늘에 무지개가 있었다. 아침에 농장 아이들을 위한 학교를 보러 가는 길에 무지개를 보았다. 이후 선교사님이 사역하시는 교도소를 방문할 때도, 선교센터 후보지들을 돌아보는 길에도 무지개가 떠 있었다. 남반부의 강렬한 햇빛이 아름답게 반짝이는 무지개를 짙푸른 하늘에 그려놓고 있었다.

마지막 일정을 마치고 공항으로 돌아가던 길이었다. 선교센터 문제를 매듭짓지 못해 내 마음은 무겁기만 했다. 내가 있던 남아공의

부스터에서 공항까지 가려면 2000미터 높이의 산 사이에 있는 계곡
(Du Toits Kloof Pass)을 지나야 했다. 구름이 잔뜩 낀 길을 달리는데 지
금까지 보지 못한 큰 무지개가 계곡에 걸려 있었다. 선명하고도 빛
나는 무지개였다. 그것을 보는 순간 우리 일행은 모두 함께 환호성
을 질렀다. '이렇게 우리를 환송해주는구나'라고 생각하면서 무지
개를 바라보는데 마음에서 이런 소리가 들려왔다.

'무지개가 있는 이곳에서 안식을 시작하라.'

나는 그 음성에 순종하며 안식년의 시간을 남아공에서 시작하게
되었다. 남아공 하늘의 무지개가 나의 쉼을 이끈 것이다. 다시 남아
공에 도착했을 때, 그곳의 무지개는 또다시 나를 맞아주었다.

무지개 속에 숨겨진 사랑

무지개에는 본래 하나님의 깊은 사랑이 숨어 있다. 하나님께서는
천지를 창조하셨다. 그런데 인간들이 죄를 짓기 시작했다.

여호와께서 이르시되 나의 영이 영원히 사람과 함께 하지 아니하리
니 이는 그들이 육신이 됨이라 창 6:3

인간은 하나님으로부터 멀어져 죄로 가득한 존재가 되었고, 창조
세계의 거룩한 질서가 무너졌다. 이에 하나님께서 대홍수를 일으키
시어 온 지면을 쓸어버릴 결정을 내리셨다. 하늘이 열리고 땅에 샘

이 터져 40일 동안 비가 내렸고 땅 위의 모든 것이 잠겨버렸다. 홍수가 있기 전 하나님께서는 당대의 유일한 의인이었던 노아에게 방주를 준비하게 하셔서 인간 중에는 오직 노아의 가족만이 대홍수 가운데서 구원을 받게 하셨다.

홍수가 계속되는 상황에서 방주 안이라고 편안하지만은 않았을 것이다. 방주가 거친 물살에 흔들릴 수도 있고 산봉우리에 부딪쳐 난파될 수도 있었다. 방주 안에서 노아와 그의 가족은 어떤 안전장치도 아닌 오직 하나님만을 붙잡아야 했을 것이다. 그러나 이렇게 하나님만을 바라보며 의지할 때에 구원은 이루어진다.

구원의 은혜뿐 아니라 하나님께서 노아에게 주신 또 다른 은혜가 있었다. 하나님은 온 세상을 물로 가득 채우시고 노아에게 영원히 방주 안에서 살라고 하지 않으셨다. 비를 그치시고 땅을 말리신 후 노아의 가족을 세상 밖으로 나오게 하셨다. 그들에게 새 출발을 허락하신 것이다. 그리고 무지개를 보여주신다.

하늘을 향해 걸린 화살

무지개는 히브리어로 '케쉐트'이며 '활'이라는 뜻이다. 즉 무지개는 심판을 의미한다. 하나님께서는 이 무지개를 구름 사이에 두시며 다시는 대홍수로 인간을 심판하지 않으시겠다고 약속하셨다.

내가 너희와 언약을 세우리니 다시는 모든 생물을 홍수로 멸하지 아

니할 것이라 땅을 멸할 홍수가 다시 있지 아니하리라 _{창 9:11}

그런데 여기서 우리는 '활'을 나타내는 무지개가 걸려 있는 방향에 대해 주목할 필요가 있다. 심판을 상징하는 무지개가 땅이 아니라 하늘을 향하여 걸려 있다. 이는 하나님께서 그 심판의 화살을 자신에게 향하겠다는 의미를 하늘에 펼치신 것이다.

하나님은 공의로우시다. 그래서 죄를 처벌하신다. 심판 없이 죄는 사라질 수 없으며, 우리는 모두 그 심판의 대상이 되는 죄인들이다. 어느 누구도 우리를 대신하여 죄를 짊어질 수 없으며, 또 그렇게 할 만한 가치를 우리에게서 발견할 수 없다. 하지만 하나님께서 세상을 사랑하셨다. 우리를 사랑하셨다. 그 사랑의 이유만으로 하나님은 우리를 대신하여 판결과 처벌을 받으시기로 결정하신 것이다.

예수님은 십자가에서 우리를 대신하여 심판의 화살들을 다 맞으셨다. 따라서 우리는 우리 죄를 대신하여 피 흘리신 예수님의 십자가를 바라보며 구름 사이에 하늘을 향해 있던 무지개를 묵상할 수 있다.

내가 내 무지개를 구름 속에 두었나니 이것이 나와 세상 사이의 언약의 증거니라 _{창 9:13}

주님은 십자가에서 무지개 언약을 실천하셨다. '언약'이라는 말은 '계약'이라는 말과는 다르다. 계약은 서로 의무를 지고 노력해야 유지되는 반면, 언약은 한쪽에서 일방적으로 주어지는 것이다. 하나님은 우리와 늘 언약을 맺으신다. 하나님은 아브라함에게도 타는 횃불이 쪼갠 고기 사이로 지나가는 모습을 보여주시며 언약을 세우셨다. 이것은 매우 상징적인 선언으로 하나님께서 아브라함에게 이렇게 말씀하시는 것이다.

"내가 이 언약을 지킬 것이다. 너는 내가 책임지고 간다."

무지개 언약에도 하나님의 이러한 선언이 담겨 있다.

무지개를 바라보라!

우리는 이 언약의 무지개를 바라보는 삶을 살아야 한다. 이것이 하나님의 사랑에 이끌리는 친밀함의 기초를 이해하는 중요한 과정이다. 우리가 하나님의 사랑에 의존하여 살아간다는 것은 어떤 모습일까? 하나님의 사랑인 무지개를 바라보는 것은 어떤 모습으로 나타나야 하는가?

첫째, 무지개를 바라보는 것은 과거를 바라보지 않는 것이다. 하나님께서 노아와 무지개 언약을 맺으시던 그날 날씨는 어땠을까? 마른하늘에 무지개를 기대할 수는 없다. 비가 와야 무지개가 보인다. 그렇다면 그날도 비가 왔을 것이다. 내리는 비를 보며 노아는 하나님께서 비로 또 모든 것을 쓸어버리지는 않으실지 두려웠을 것이다. 그리고 다시 방주를 떠올렸을 것이다. 하지만 방주는 더는 노아를 구원할 기능을 가지고 있지 않았다. 과거는 과거다.

사도 바울은 "오직 한 일 즉 뒤에 있는 것은 잊어버린다"라고 고백했다(빌 3:13). 이 말에는 과거 잘못에 대한 후회만 들어 있는 것이 아니다. 자신이 복음을 전파하며 교회를 세우고 수많은 영혼을 주님께로 인도했던 영광의 열매에 대한 미련도 버린다는 의미이다. 바울은 지난 것은 다 뒤로 던져버리고 예수 그리스도 안에서 위에서 부르신 부름의 상을 향해서, 푯대를 향해서 달려간다. 이것이 바로 무지개를 바라보는 삶이다.

노아는 과거 구원의 방식이었던 방주에 연연하지 않고 희망의 무지개를 바라보았다. 우리 삶 속에는 많은 실패와 그 실패를 만회하려는 어리석음이 있다. 그러나 심판은 지나갔고, 그 실패 속에서도 하나님은 우리를 건져주셨다. 이제 우리에게 주어진 것은 하나님의 사랑이 증거하는 아름답고 위대한 미래이다. 무지개를 바라보자. 거기에 희망과 기쁨이 있다. 거기 사랑이 이끄는 삶이 있다.

둘째, 무지개를 바라본다는 것은 하나님의 사랑을 확신하는 삶을 사는 것이다. 확신해야 그 사랑에 이끌린다. 그런데 그것을 가로막는 요소가 있다. 그것은 바로 '나' 자신이다. 우리에게는 자신만 알고 있는 '죄'가 있다. 자신만 알고 있는 분노와 미움이 있다. 우리 안에는 실패를 반복하며 축복을 놓치고 살아가는 죄인이 있다. 이 죄인을 품으신 사랑을 보아야 그 사랑에 이끌릴 수 있다.

하나님은 홍수 사건에서 인간의 근본이 악하다는 것을 보셨고, 심판의 방법으로는 고쳐지지 않는다는 것을 확인하셨다. 그래서 우리를 대신하여 죽으시겠다는 결심을 무지개 언약을 통해 표현하셨다.

"너희 죄는 너희 힘과 노력으로 해결할 수 없구나."

인간은 좋은 일을 하면서도 여전히 욕심을 부리고, 겸손을 나타내면서도 오히려 겸양지덕(謙讓之德)의 명예를 얻으려고 한다. 그런 우리가 무지개를 바라본다는 것은 내 연약함을 품으신 하나님의 사랑을 신뢰하며 살아가는 것을 의미한다. 주님은 무지개를 펼치시고 이렇게 말씀하셨다.

"내가 너를 사랑하니 내 사랑을 믿어라."

우리가 아직 죄인 되었을 때에 그리스도께서 우리를 위하여 죽으심으로 하나님께서 우리에 대한 자기의 사랑을 확증하셨느니라 롬 5:8

나를 살리신 주님의 은혜만을 의지해야 한다. 나의 모든 죄를 대신 당하신 그리스도의 은혜 안에서 하나님의 사랑을 굳게 믿어야 한다.

셋째, 무지개를 본다는 것은 무지개 언약에 내 영혼이 반응하게 하는 것이다. 무지개 언약에는 구원이 나타난다. 하나님께서 노아에게 무지개의 개념을 직접 가르치신 것이 아니다. 그냥 무지개를 보여주시며 보고 느끼게 하셨다.

윌리엄 워즈워스(William Wordsworth)의 〈무지개〉라는 시가 있다.

하늘의 무지개를 보면 내 가슴은 뛴다
그렇게 내 삶은 시작됐고,
그리하여 지금 나는 한 남자이며,
그렇게 늙어가리
그렇지 않으면 차라리 죽음을
아이는 어른의 아버지
바라건데 나의 하루하루가 자연의 경건으로 뛰놀기를.

이 시인처럼 우리는 언약의 무지개를 가슴 뛰게 갈망해야 한다. 마음으로 느껴야 사랑에 이끌린다. 사랑에 이끌려야 친밀함을 세울 수 있다. 하나님께서는 두 번이나 강조하시며 말씀하셨다.

'내 언약을 기억하리니' 다시는 물이 모든 육체를 멸하는 홍수가 되지 아니할지라 무지개가 구름 사이에 있으리니 내가 보고 나 하나님과 모든 육체를 가진 땅의 모든 생물 사이의 '영원한 언약을 기억하리라' 창 9:15,16

하나님이 무지개 언약을 세우시고 이를 기억하겠다고 하신다. 이 언약을 세우시어 죄인을 보고 진노하지 않고 참으시겠다는 것이다. 나를 향한 하나님의 정의와 사랑이 무지개 언약 안에 담겨 있다.

무지개를 바라보라! 비가 온다고 다시 방주로 달려가서는 안 된다. 또 자신의 죄성과 나약함에 쉽게 낙심해서도 안 된다. 빗방울이 굵어지고 먹구름이 커져도 나를 위한 하나님의 사랑은 결코 사라지지 않음을 믿으며, 눈을 들어 하늘에 펼쳐진 무지개를 바라보아야 한다. 우리를 부르신 하나님은 이 사랑 속에 우리와의 관계를 두셨다. 이 사랑은 내가 세워가는 것이 아니다. 주님의 사랑이 나를 이끌어간다. 여기에 우리의 희망이 있다.

믿음으로 주님의
음성을 따라가다

친밀함의 기초는 믿음이다

우리는 하나님의 사랑에 이끌려 하나님과의 친밀함으로 들어간
다. 그런데 이 사랑의 이끌림은 우리에게 익숙하지 않아 어렵다. 그
렇다고 완전히 새로운 것이거나 특별히 배워야 할 지식은 아니다.
우리가 해야 할 일은 다만 이 사랑의 이끌림을 이해하고 누리는 것
이다. 그것이 하나님과의 친밀한 관계로 나아가는 길이다.

아브라함은 하나님과 친밀한 관계를 누린 대표적인 인물이다. 그
는 하나님과 친밀한 대화를 나누며 그분과 교제하는 삶을 살았다.
그는 가는 곳곳마다 단을 쌓고 예배하며 하나님의 이름을 불렀으
며, 하나님은 그를 의롭게 여기셨다.

아브람이 여호와를 믿으니 여호와께서 이를 그의 의로 여기시고

이 말씀은 아브라함이 하나님께 이끌리어 장막에서 나와 밤하늘에 무수히 쏟아지는 별들을 바라보며 하나님과 대화하는 중에 나온다.

아브라함처럼 하나님과 대화하는 것, 하나님의 말씀을 듣는 것이 구원의 기초이며 하나님과의 관계의 기반이다. 사도 바울은 아브라함의 혈통이 아니라 그의 믿음을 이어받는 것이 중요하다고 말했다. 이 믿음이 하나님과 친밀함의 기초다.

그렇다면 말씀을 믿고 따른 아브라함에게 이루어진 것들은 무엇인가?

너희가 그리스도의 것이면 곧 아브라함의 자손이요 약속대로 유업을 이을 자니라 갈 3:29

믿음에는 유업이 있다. 믿음을 가지면 하나님으로부터 주어지는 것이 있다. 창세기를 읽어보면 아브라함에게 하나님으로부터 오는 인정과 축복과 상급들이 등장한다. 성경은 아브라함을 통해 하나님께서 축복하시고 인정하시는 삶이 있음을 분명히 보여준다.

하나님은 아브라함을 기뻐하셨으며 아브라함 역시 하나님을 기

쁘시게 했다. 하나님의 기쁨을 아는 것이야말로 하나님과의 친밀함을 세우는 기반이 된다.

조카 롯이 아브라함을 떠난 후 하나님께서 아브라함에게 말씀하시는 장면을 보자.

너는 눈을 들어 너 있는 곳에서 북쪽과 남쪽 그리고 동쪽과 서쪽을 바라보라 보이는 땅을 내가 너와 네 자손에게 주리니 영원히 이르리라
창 13:14,15

또한 아브라함이 소돔 왕의 재물을 거절했을 때에도 하나님께서는 아브라함에게 환상 중에 임하시어 이와 비슷한 말씀을 하셨다.

아브람아 두려워하지 말라 나는 네 방패요 너의 지극히 큰 상급이니라 창 15:1

또한 하나님께서는 아브라함에게 친구처럼 이렇게 이야기하신다.

여호와께서 이르시되 내가 하려는 것을 아브라함에게 숨기겠느냐
창 18:17

하나님께서 자신이 하실 일을 아브라함에게 알려주시겠다는 것

이다. 하나님께서 나의 손을 붙잡고 그분이 하실 일을 직접 가르쳐 주시면 얼마나 행복하겠는가? 이렇게 하나님과 친한 아브라함은 남과 다른 삶을 살아갈 수 있었다.

결정적으로 아브라함을 향한 하나님의 축복은 그가 하나님의 말씀에 순종하여 자신의 아들 이삭을 제물로 바치고자 했을 때 명확히 드러난다.

> 내가 네게 큰 복을 주고 네 씨가 크게 번성하여 하늘의 별과 같고 바닷가의 모래와 같게 하리니 네 씨가 그 대적의 성문을 차지하리라
>
> 창 22:17

이것은 다른 말로 이렇게 표현할 수 있다.

"이 땅에 내려가서 구원을 이룰 메시아의 조상으로 네가 적합하구나."

우리는 아브라함처럼 하나님께 인정받고 그분이 주시는 풍요를 누리는 삶을 사모해야 한다. 밥 한 끼를 먹어도 하나님께서 주시는 복으로 알고 먹으면 더 맛있고, 기분 좋고, 건강에도 좋을 것이다.

하나님의 음성을 따르다

창세기 12장은 믿음의 조상 아브라함이 구속사를 시작하는 굉장히 감동스러운 장면이다. 하나님께서는 아브라함에게 이 세상의 축

복과는 비교도 되지 않는 하나님으로부터 말미암은 참된 축복을 주셨다. 우리는 여기에서 아브라함과 당시에 살았던 사람들과의 차이를 정확히 볼 수 있어야 한다. 그 차이는 아브라함이 하나님의 음성을 듣고 순종한 데 있다.

> 이에 아브람이 여호와의 '말씀'을 따라갔고 롯도 그와 함께 갔으며
>
> 창 12:4

여기서 아브라함이 말씀을 따라 살았다는 것이 무엇을 의미하는지 잘 이해해야 한다. 아브라함은 하나님의 말씀을 들었다. 그런데 그가 살았던 시대에는 기록된 말씀, 즉 성경이 없었다.

오늘날 우리에게는 모든 행위의 기준이 되는 성경이 있다. 그래서 우리는 말씀을 따라 산다고 할 때 성경을 따라 사는 것으로 이해한다. 하지만 아브라함의 시대에는 성경이 없었으므로 아브라함이 말씀을 따라 갔다는 말은 기록된 글을 따라 행했다는 의미가 아닐 것이다.

그렇다면 여기에서의 말씀은 무엇일까? 하나님이 그에게 들려주시는 음성이었다. 음성은 글자와는 달리 말하는 사람과 듣는 사람과의 인격적인 관계가 형성되어 있어야 한다. 즉, 아브라함이 따른 것은 기록되어 있는 문자가 아니라 그를 부르신 하나님의 음성이었다.

그가 또한 우리를 새 언약의 일꾼 되기에 만족하게 하셨으니 율법 조
문으로 하지 아니하고 오직 영으로 함이니 율법 조문은 죽이는 것이
요 영은 살리는 것이니라 고후 3:6

이 구절에서 '율법 조문'을 헬라어로 직역하면 '문자'이다. 곧 이
말씀은 "우리를 새 언약의 일꾼 되기에 만족하게 하셨으니 문자로
하지 아니하고 오직 영(靈)으로 함이니 문자는 죽이는 것이요 영은
살리는 것이니라"로 해석할 수 있다. 성경을 먹으로 쓴 문자로 볼
때 우리는 죽는다. 그것에서 들려오는 말씀을 들어야 한다. 바울이
영으로 표현하고 있는 관계적인 요소를 이해하는 것이 하나님과의
친밀함을 세우는 데 매우 중요하다. 이 기초 없이 인격적인 친밀함
은 근거를 잃는다.

확실함을 내려놓아라

그런데 우리는 하나님이 아브라함의 삶을 통해 보여주신 것을
따르지 않는다. 목사인 내가 가장 많이 듣는 말 중에 하나가 이것
이다.

"목사님, 주님 뜻이 무엇인지 제게 이야기 좀 해주세요."

가끔 우리 집 아이들도 나한테 이런 질문을 한다. 그러면 나는 이
렇게 말한다.

"나는 네 하나님이 아니야. 그것은 네 진짜 아빠에게 물어봐라."

사람 안에는 정확한 것을 붙잡고 싶은 욕구가 있다. 그런데 그것을 내려놓아야 한다.

브레넌 매닝이 쓴 《신뢰 Ruthless Trust》라는 책에 윤리학자 존 커버너프에 대한 재미있는 일화가 있다. 그에게는 한 가지 고민이 있었다. 그는 그 고민에 대해 테레사 수녀님에게 도움을 요청하고자 인도 캘커타로 향했다.

그를 본 테레사 수녀님이 물었다.

"제가 무얼 위해서 기도해드릴까요?"

"저는 지금 제 삶에 대해 명확한 답을 찾고 싶습니다."

그러자 테레사 수녀님이 이렇게 말했다.

"확실한 답, 그것은 당신이 붙들어야 할 것이 아니라 놓아야 할 것입니다. 확실한 답은 내게 있어본 적이 없습니다. 따라서 그것을 위해 기도해드릴 능력이 내게는 없습니다. 하지만 내게 있는 것이 있습니다. 그것은 바로 신뢰입니다. 신뢰를 위해서 기도해드리겠습니다."

하나님께서 내 마음에 말씀하시는 것이 잘 이해되지 않고 확실해 보이지 않아도 하나님께서 내 삶을 책임지실 것이라는 믿음이 신뢰이다. 이 신뢰는 계약서의 글씨가 아니라 인격적인 대화를 나누는 데서 형성된다. 이러한 기반이 있을 때 우리는 아브라함처럼 하나님이 말씀하시는 축복의 길을 따라갈 수 있을 것이다.

말씀이 삶을 이끈다

아브라함처럼 말씀을 따라 살아가는 삶이란 구체적으로 무엇을 의미하는 것일까?

말씀을 따르는 것은 말씀을 기반으로 살아가는 것이다. 하나님께서 우리의 영혼에 건네시는 말씀이 분명 있다. 영(靈)이신 하나님은 우리의 마음과 생각에 무엇인가를 말씀하신다. 아브라함은 자신의 판단과 생각을 따라간 사람이 아니었다. 반면 그의 조카 롯은 반대의 모습을 보여준다.

이에 롯이 눈을 들어 요단 지역을 바라본즉 소알까지 온 땅에 물이 넉넉하니 여호와께서 소돔과 고모라를 멸하시기 전이었으므로 여호와의 동산 같고 애굽 땅과 같았더라 창 13:10

세상 사람들을 그들이 하는 행동의 근거에 따라 세 부류로 나눌 수 있다. 먼저 이성적 판단에 따라 살아가는 사람들이다. 이들에게 중요한 것은 논리이다. 어떤 일을 할 때 논리적으로 타당하면 하고, 그렇지 않으면 안 한다. 반면에 감성에 의해 살아가는 사람들이 있다. 그들은 자신의 정서 코드대로 살아간다. 마음이 끌리면 하고, 그렇지 않으면 안 한다. 마지막으로 다수의 행동을 중시하는 사람들이 있다. 이들에게는 사람들의 시선이 너무 중요하다. 이들은 남들이 하면 하고, 그렇지 않으면 안 한다.

그렇다면 아브라함처럼 하나님의 말씀을 따라 사는 사람은 이러한 모습과 무엇이 다른가? 하나님의 말씀을 따른다는 것이 논리적, 감성적, 문화적 요소를 모두 배제하는 것을 의미하지 않는다. 하나님의 말씀을 따르는 일에서 가장 중요한 것은 우리에게 인격적으로 말을 건네시는 살아계신 하나님과의 만남이다.

하나님의 말씀에는 합리성을 넘어서 마음을 움직이시는 하나님의 역사가 함께 한다. 하나님의 말씀은 내 생각과 감정을 움직여서 하나님의 기쁘신 뜻이 내 안에 즐거운 소원이 되게 하신다. 내가 하는 일이 나를 위한 것인지, 하나님의 기쁘신 뜻을 위한 것인지는 내 양심도 알고 하나님도 아신다. 아무리 교묘하게 자신과 하나님을 속이려고 해도 소용없다.

"하나님, 이 교회에서 십일조를 제일 많이 하는 성도가 되고 싶어요."

이 말이 돈에 대한 욕심에서 나왔는지 아닌지를 하나님도 아시고 나도 안다.

우리가 하나님의 말씀을 따르고 있는지, 자기 욕심을 따르고 있는지를 판단할 때 생각해야 할 것은 하나다.

"내가 주도하는가, 아니면 하나님이 주도하시는가?"

하나님이 주도하시는 삶이 곧 하나님의 말씀을 기반으로 하는 삶이 된다.

하나님의 말씀을 따른다는 것은 순종하는 삶이다. 신뢰와 순종은 연결된다. 신뢰를 가지고 있으면 순종할 수 있는 길을 발견하게 된다. 많은 사람들이 자신이 왜 순종하지 못하는지에 대해 이야기한다.

"주님이 말씀하신 대로 순종하며 살고 있는데 아무개 집사님이 와서는 내가 하는 일을 가지고 뭐라고 하시는데, 기분 나빠서 더는 못하겠어요."

다른 사람 때문에 하나님께 순종하지 못하겠다고 하는 것인데, 그럼 다른 사람 때문에 내가 받을 복도 거절하겠는가?

이스라엘 백성들은 광야에서 수도 없이 넘어졌다. 마실 물이 없다고 불평하고, 먹을 음식이 없다고 원망했다. 오늘날 그리스도인처럼 조금만 고난이 찾아와도 하나님께 불순종한 모습을 보였다. 그러나 아브라함의 순종은 이와는 달랐다. 그는 오히려 고난의 상황 가운데로 들어갔다. 그는 자신에게 안정을 주는 고향과 친척과 아버지의 집을 떠났다. 우리는 자신에게 익숙한 곳과 의지할 사람을 찾는다. 그것이 안전하다고 생각하기 때문이다. 그러나 아브라함은 그것들을 모두 버리고 새로운 길을 떠났다. 왜냐하면 그것이 주님의 말씀에 순종하는 것이었기 때문이다.

아브라함에게는 하나님을 향한 신뢰가 있었다. 애굽에서 바로를 만났을 때 아내를 누이라고 거짓말한 자신을 오히려 돌보시는 하나님의 사랑을 경험했다. 하늘의 쏟아지는 별을 보이시며 믿음을 일으켜주시고, 쪼갠 고기 사이로 지나시며 내가 이룰 것이라고 약속하시는 하나님을 체험했다. 이러한 경험 속에서 아브라함은 하나님을 더욱 신뢰하게 된다.

하지만 출발은 신뢰를 선택하는 것이었다. 믿음은 순종을 낳는다. 그리고 순종은 믿음을 일으킨다. 이것이 성장의 과정이다. 그 시작은 순종이다. 이 출발에서 하나님을 신뢰할 수밖에 없는 수많은 은혜를 경험한다.

한 번이 아니라 계속

마지막으로, 하나님의 말씀을 따르는 것은 말씀을 한 번 듣고 끝내는 것이 아니라 계속 듣는 것이다. 어떤 사람은 하나님께 이렇게 묻는다.

"하나님, 사업을 할까요? 말까요?"

줄기차게 이런 기도만 드리는 사람이 있다. 이런 장면은 무당이나 점쟁이를 찾아갔을 때나 볼 수 있는 것이다. 무당은 "이건 된다, 저건 안 된다"라고만 하지 우리와 관계를 맺거나 그 과정을 함께하지는 않는다.

신앙생활은 하나님과의 관계를 통해 내 영혼이 자라가는 것이다. 따라서 어떤 문제를 놓고 기도했을 때, 하나님께서 어떠한 말씀을 들려주셨다고 해서 그것이 끝이 되면 안 된다. 과정마다 하나님께 지속적으로 묻고, 그 말씀에 귀를 기울여야 한다. 이것을 '이어듣기'라고 한다.

이어듣기를 이해하는 것은 하나님과 대화하는 관계로 나아가는 데에 매우 중요하다. 우리는 하나님의 뜻을 구할 때 간절히 하나님의 응답을 기다린다. 그런데 하나님의 뜻을 발견하는 일이 단번에 이루어지는 것으로 이해하려는 경향이 있다. 그것은 잘못된 방법이다.

하나님께서는 아브라함에게 독자 이삭을 데리고 모리아 땅으로 가서 하나님께서 일러 준 한 산에서 그를 번제로 드리라고 말씀하셨다. 아브라함은 이 말씀에 순종했고, 이삭을 데리고 모리아 산에 오른다. 성경은 아브라함이 모리아 산의 한 곳에 이를 때 "제삼일에 아브라함이 눈을 들어 그곳을 멀리 바라보았다"라고 말한다(창 22:4). 하나님께서 장소까지 아브라함에게 분명히 알려주신 것이다.

그런데 이는 과거 하나님께서 아브라함에게 주셨던 말씀과 논리적으로 맞지 않았다. 이삭은 하나님께서 수많은 후손을 이룰 씨라고 말씀하신 아들이었다. 그래서 히브리서 기자는 하나님께서 이삭을 다시 살리실 것을 믿었다는 아브라함의 생각을 소개한다(히 11:17-19). 이 생각은 아브라함이 모리아 산으로 걸어갔던 3일길 속에서 이루어진 것들이다.

아브라함은 이삭을 바치라는 하나님의 말씀을 분명히 들었다. 이때 아브라함은 이 계시를 하나님과 동행함 없이 혼자 이루어가지 않았다. 자신이 스스로 말씀을 파악해서 혼자 이루어가는 것이 아니라 그 말씀을 듣고 할 수 있는 것에 순종했다. 그리고 계속하여 하나님의 말씀에 귀를 기울였다. 때문에 아브라함은 손에 칼을 잡고 이삭을 제물로 드리려는 그 순간에도 자신의 이름을 부르시는 하나님의 음성을 듣고 응답할 수 있었다. 이것이 이어듣기다.

이처럼 말씀을 받는 일은 과정이다. 주신 말씀대로 순종하며 계속하여 내 삶의 주인이신 하나님께 귀를 기울이는 태도이다. 하나님의 뜻을 따라 일하면서도 바로 이 순간 하나님께서 내게 원하시는 것이 무엇인지에 대해 들으려는 자세이다. 한 번 깨달은 것으로 끝나지 않고 계속해서 주님의 이끄심을 구하는 모습이다. 배움의 영(靈)으로 충만하여 끊임없이 주님께로부터 진리를 배우려는 태도이다.

하나님을 추구하다

가나안 땅에 도착한 아브라함에게 하나님이 나타나셨다. 그리고 그를 또 축복하신다. 복을 받은 아브라함은 제단을 쌓아서 기쁨으로 감사의 예배를 드린다. 그 다음에 "하나님!" 하고 불렀다. 아브라함이 하나님을 부른 것은 무엇을 받기 위해서가 아니라 하나님을 추구하는 행동이었다.

나는 젊은 시절 혼자 돌아다니기를 좋아했다. 그런데 요즈음 자꾸 아내를 따라다니는 나를 발견한다. 밖에 나갔다가 집에 돌아오면 제일 먼저 아내를 부른다. 배가 고파서가 아니라 그냥 아내를 찾는다. 불렀는데도 대답이 없으면 궁금해서 전화를 한다. 이런 것을 '추구'라고 한다. 추구는 사랑이 만들어내는 행동이다.

하나님과 우리의 관계에서도 마찬가지다. 우리는 하나님의 임재가 느껴지지 않을 때 "하나님" 하고 부르게 된다. 또한 하나님의 충만한 임재 가운데서도 "하나님" 하고 부른다. 어떤 상황에서도 하나님을 부르고 우리에게 응답하시는 하나님을 갈망한다. 이것이 바로 하나님을 추구하는 삶이다. 즉, 순간마다 하나님께 지속적으로 묻고, 그 음성에 귀를 기울이는 이어듣기는 바로 끊임없는 하나님에 대한 추구인 것이다.

5

내 인생은 하나님이
책임지신다

시간을 넘어선 언약을 아는 지식

아브라함은 하나님께 언약을 받았다. 아브라함이 받은 언약을 지금 나의 상황으로 바꿔서 표현해보면 다음과 같을 것이다.

"내가 정자동이라고 이름 붙인 것은 다 너에게 주겠다. 분당구 정자동뿐만 아니라 수원에 있는 정자동까지 포함해서 정자동이라고 이름 붙인 땅은 다 너에게 주겠다. 그 땅은 너와 네 자손의 것이 될텐데, 다만 400년 후에 돌아와서 차지하게 될 것이다."

그러면 나는 이렇게 말할지도 모른다.

"하나님께는 하루가 천 년 같고, 천 년이 하루 같으신 거 맞죠?"

이처럼 우리는 하나님과의 관계에서 시간이 길어지는 것을 잘 참지 못한다. 하나님께서 우리에게 주신 '영원한 언약'이란 것은 감이 오지 않는다. 우리가 영원을 실제로 느끼지 못하기 때문이다.

아브라함은 75세의 나이에 자식에 대한 약속을 받았다. 또한 400년 후에 이루어질 언약을 받았다. 그러나 그는 시간의 담을 뛰어넘어 하나님의 언약을 믿음으로 받아들였다. 놀랍게도 그 언약은 이루어져 그의 후손이 지금도 그 땅에 살고 있다.

AD 70년에 예루살렘이 멸망당했다. AD 135년쯤 로마의 황제 하드리아누스가 예루살렘의 이름을 '아엘리아 카피톨리나'로 바꿔버렸다. 바르코바가 일으킨 두 번째 반란으로 인해서 '모든 유대인은 예루살렘에 들어올 수 없다'는 황제의 특명이 내려진다. 이 칙령은 콘스탄틴 이후에 기독교가 왕성했던 비잔틴 시대에도 여전히 적용되었다. 그리고 유대인에게 분노했던 로마는 그 땅 이름을 이스라엘의 원수인 블레셋 사람의 이름을 따라 '팔레스틴'이라고 이름 지었다. 그 로마의 역사로부터 시작해서 이스라엘 백성은 흩어진다. 흩어진 곳에서 사람들에게 미움을 받고 독일에서는 600만 명이나 히틀러에게 학살당하는 비극을 겪었다. 이스라엘이란 나라 자체는 이미 오래전에 없어졌다. 국민, 영토, 주권의 국가의 형성 요소 중에 남은 것이 없었다. 흩어진 유대인들은 오랜 시간이 흐르면서 민족적 혈통도 유지할 수 없었다. 오직 그들에게는 모세의 율법을 따르는 유대인의 문화만이 남아 있었다. 그런데 전 세계에 흩어져 있던 유대인들이 1948년 하나님이 아브라함에게 주신 땅에 돌아와서 국가를 세웠다. 2000년 넘도록 주권과 영토를 잃었다가 다시 나라를 세우는 세계 역사상 유례가 없는 일이 일어난다. 이 유별난 일의 시작은 400년짜리 언약을 현실로 받아들였던 아브라함의 태도에서 비롯되었다. 이것이 신앙의 영광이다. 이 시간을 넘어선 언약을 아는 지식의 기반 위에 우리는 하나님과의 친밀함을 세울 수 있다.

하나님을 만나면 변화된다

믿음은 우리 안에 견고한 태도를 만든다. 아브라함이 처음부터 하나님이 말씀하시면 "아멘"만 하는 사람은 아니었다. 그러나 그에게는 하나님을 향한 성실함과 진실한 노력이 있었다. 하나님은 그런 아브라함에게 언약을 주셨다.

내가 너로 큰 민족을 이루고 네게 복을 주어 네 이름을 창대하게 하리니 너는 복이 될지라 창 12:2

그러나 아브라함은 처음에는 자신의 씨로 하여금 큰 민족을 이루게 하실 것이라는 하나님의 말씀에 대해 기대함이 없었다. 그는 하나님께서 다시 그를 찾아오셨을 때 이렇게 말했다.

아브람이 이르되 주 여호와여 무엇을 내게 주시려 하나이까 나는 자식이 없사오니 나의 상속자는 이 다메섹 사람 엘리에셀이니이다 아브람이 또 이르되 주께서 내게 씨를 주지 아니하셨으니 내 집에서 길린 자가 내 상속자가 될 것이니이다 _{창 15:2,3}

그는 늙은 자신의 모습을 보며 자식을 기대할 수 없었던 것이다. 자신 안에 소망이 없을 때 인간은 쉽게 낙심한다. 그런데 놀라운 것은 하나님께서 이 아브라함을 만나셨다는 사실이다. 하나님은 그에게 밤하늘의 별을 보이시며 그의 자손이 이와 같을 것이라고 말씀하시며 언약을 세우신다. 결국 아브라함은 하나님을 만난 후 변화된다. 자신은 자식이 없다며, 상속자로 다른 이를 언급하던 그가 400년짜리 약속을 받아들이는 사람으로 변화된다.

예수님을 믿으면 변화된다. 그런데 우리는 왜 그토록 오랜 시간 교회를 다녔는데도 변화되지 않는 것일까? 분명한 것은 예수님을 인격적으로 만나면 변한다는 사실이다. 예수님을 만났는데 변화하지 않았다면 그것은 진짜로 만난 것이 아니다. 예수님과 인격적으로 대면하지 않은 것이다. 교리를 아는 것이 살아계신 예수님을 만나는 것을 확인해주지 않는다. 그것으로는 온전히 변화되지 않는다.

우리가 변화되지 않는 또 다른 이유는 예수님을 영접하고 성령 체험을 했던 과거의 기억에 머물러 있기 때문이다. 과거에 갇혀 있을 때 예수님은 오늘 나의 삶을 이끌어가는 분이 아니시다. 간혹 "예수 믿어도 별 수 없더라"라고 말하는 사람을 본다. 그는 자기 이야기를 하는 것이다. 그것이 진리가 아니다. 그는 예수님과 인격적인 만남을 이어가지 못했기 때문에 예수님을 만나도 자신의 삶이 달라지지 않았던 것이다.

하나님이 이루시는 언약

하나님께서는 이 만남을 통해 언약의 기반을 세우시고 우리로 하여금 놀라운 구원의 관계를 누리도록 하신다. 그리고 이 언약이 점령된 곳에 친밀함이 세워진다. 하나님께서 아브라함을 어떻게 만나 주셨는지 말씀을 보면 알 수 있다.

하나님께서 아브라함을 장막 밖으로 끌고 나오신 후, 무수히 쏟아지는 별을 보게 하시며 이렇게 말씀하신다.

네 자손이 이와 같으리라 창 15:5

어둠 가운데 있던 아브라함이 밝음을 경험하고 믿음을 가질 수 있도록 인도하신 것이다.

그런 후 하나님은 아브라함이 믿을 때 그를 인정하여 세우신다.

아브람이 여호와를 믿으니 여호와께서 이를 그의 의로 여기시고
창 15:6

이 말씀은 하나님께서 아브라함을 자신이 주시는 것들을 받을 만

한 자격이 있다고 인정하시는 것이다. 그런데 여기서 끝나지 않고 하나님께서는 타는 횃불이 쪼갠 고기 사이로 지나가는 언약을 하신다. 그것은 당시의 계약 습관이었다. 이러한 행위는 당사자가 계약을 엄수할 것을 맹세하고 만약 위반할 경우에는 쪼개진 재물과 같은 신세가 된다는 뜻이었다. 그런데 여기서 주목해야 할 것은 쪼갠 고기 사이로 하나님의 불만이 지나간 것이다. 이 언약의 행위가 의미하는 것은 이렇다.

"이 언약의 책임은 나에게만 있다. 너는 책임지지 않아도 된다. 그럴 만한 힘이 너에게는 없기 때문이다."

아브라함은 이 언약을 체결하시는 하나님의 모습을 보았다. 그러고는 하나님께서 홀로 지나가시면서 400년 후에 네 자손이 이 땅을 얻게 될 것이라는 말을 "아멘" 하고 받아들인다.

언약을 기다리는 우리의 자세

하나님이 주시는 은혜의 역사가 임하면 시간이 점령된다. 하나님이 임하시면 어쩔 수 없는 것도 극복된다. 여기서 우리가 꼭 알아야될 중요한 성경적인 진리가 있다. 하나님이 일을 이루실 때 아브라함을 잠들게 하신 것을 주목하라. 이 언약은 아브라함이 노력해서 얻어낸 것이 아니라 선물로 주어진 것이다. 그런데 그 과정에서 진실한 대화가 진행되고 있다. 이 사건은 해결책이 제시되는 것이 아니라 관계가 맺어지는 과정이다.

우리는 이 과정에서 무엇보다도 그분의 것을 기다려야 한다. 이 기다림은 믿음이 있어야만 가능하다. 기다림 속에 하나님의 은혜를 경험하는 것이다. 우리에게 이 은혜가 필요하다. 라브리 공동체의 창시자 프란시스 쉐퍼는 이를 '적극적 수동성'이라고 표현했다. 풀어서 표현하면, 간절한 사모함과 기다림을 포기하지 않는 것이다. 우리가 기대하고, 기도하며, 기다리면 하나님이 역사하신다. 반드시 역사하신다.

CLOSER AND CLOSER

친밀한
사귐

주님이 종교적 도움을 위해 필요한 분에 머문
다면 '친밀한'이란 주제는 꺼낼 필요도 없다.
친밀함의 시작이 예수님을 영접함으로 시작
되는 이유가 바로 여기에 있다. 우리에게는
주님이 해주셔야 할 일이 아니라 주님 그분
자신이 필요하다. 주님의 손이 아니라 주님
의 얼굴이 필요하다. 문제 해결의 지식이 아
니라 삶의 길을 동행하시는 구원의 주님이
필요하다.

주님 나와 동행을 하면서 나를 친구 삼으셨네
우리 서로 받은 그 기쁨은 알 사람이 없도다

〈저 장미꽃 위에 이슬〉 중에서

예수님을 나의 주인으로 인정하기

들으시는 하나님

나는 목사로서 모임을 인도하는 중에 다른 사람에게 기도를 시킬 때가 있다. 그때 보면, 기도하는 것을 상당히 어려워하거나 부담스러워 하는 사람들이 많다. '기도는 호흡'이라고 하는데 숨 쉬는 게 불편한 사람들이 너무 많다.

남아공에서 사역하는 김종호 선교사님의 이야기다. 선교사님은 후원이 줄어들어 재정이 어려워지자 두 아이를 홈스쿨링으로 양육하게 되었다. 아이들은 아빠가 밤마다 흑인 지역에 나가는 것을 걱정하는 사랑 넘치는 자녀들이었다.

그런데 언제부터인가 둘째 아이가 자꾸 귀가 아프다고 했다. 그렇지만 제대로 검사를 받을 수 없어서 중이염 약만 먹었다고 한다. 그러다 선교사님이 척추에 문제가 생겨 한국으로 들어오게 되었다. 병원에서 선교사님의 척추와 둘째 아이의 귀를 함께 검사받았다. 그런데 선교사님의 척추보다 둘째 아이의 귀가 더 심각한 상태였다. 치료를 제때 받지 못해 청각신경이 죽어가고 있었던 것이다. 의사는 앞으로 아이가 못 듣게 될 뿐 아니라 나중에는 시력까지 잃게 될 거라고 했다. 선교사님은 큰 충격에 빠져 주님 앞에 엎드려 간절히 울며 기도했다. 그때 둘째 아이가 와서 이런 말을 했다고 한다.

"아빠, 나 드라마 봤어."

"무슨 드라마를 봤니?"

"예수님이 나타나셔서 내 귀를 고쳐주시겠다고 했어."

아이가 말하는 것은 드라마가 아니라 환상이었다. 며칠 후 선교사님은 아이를 데리고 병원에 갔다. 300만 원짜리 보청기를 끼면 청각장애를 조금 늦출 수 있다고 해서 갔는데, 아이의 상태를 살펴보던 의사가 깜짝 놀라 물었다.

"어떻게 했기에 아이의 상태가 이렇게 갑자기 좋아질 수 있습니까?"

의사의 말에 더 놀란 선교사님이 대답했다.

"예수님이 고쳐주셨습니다."

그 후에 한 교회에서 매년 300만 원씩 장학금을 주겠다는 연락이 왔다. 이런 일들을 보며 둘째 아이가 말했다.

"아빠, 저는 하나님이 없다고 생각했어요. 하나님은 아빠가 만나는 흑인들 이야기는 들어주시지만 내 기도는 안 들어주시는 줄 알았어요."

하나님의 은혜는 여기서 끝이 아니었다. 치료를 마치고 다시 남아공으로 갔는데, 한 학교에서 선교사님에게 교장으로 일해달라는 제의를 해온 것이다.

하나님의 자녀인 우리가 기도하면 응답의 체험이 있다. 은혜의 체험, 기적의 체험이 있다. 나 역시 기도에 응답하시는 하나님을 수없이 경험했다.

군목으로 사역하고 있을 때였다. 하나님의 은혜로 교회 건축을 진행하고 있었는데 책임자가 교통사고를 내고는 몸으로 때우겠다며 연천 경찰서 구치소에 들어가 버렸다. 교회 설계도가 그의 머릿속에 있었기 때문에 그가 없으면 일 자체가 진행되지 않았다.

군종들과 모두 모여 교회 건축을 위해 뜨겁게 기도했다. 그런데 다음 날 아침에 연천 경찰서 구치소가 무너졌다는 소식을 들었다. 구치소 공사를 맡은 인부들이 안에 사람이 있는지 모르고 건물을 부수기 시작한 것이었다. 생각지도 못한 일이 일어나는 통에 경찰 측에서 피해자와 합의를 주도하면서 일은 잘 마무리되었고, 기한 내에 건축을 마무리 지을 수 있었다. 하나님께서 우리의 기도를 들으신 것이다.

교회 개척을 사명으로 여기며 사시는 아버지로 인해 나는 어린 시절부터 먹고 사는 것은 주님이 공급해주시는 것임을 눈으로 보고 자랐다. 한번은 내가 탈장(脫腸)이 되어 수술을 해야 하는데 병원비가 없었다. 그런데 어머님이 나를 붙잡고 기도해서 깨끗하게 나았다. 구하면 주시는 하나님을 어려서부터 경험한 것이다.

하지만 그 반대의 경험도 있었다. 수도 없이 내 기도가 거절되는 느낌을 경험했다. 물론 "안 된다"도 응답이고 "기다려라"도 응답이다. 하지만 이런 원칙을 알고 있으면서도 기도하다 안 되면 낙심하고 그만둬버린다.

목사가 된 후 아픈 교우들을 위해 기도하면 주님께서 치료해주시는 것을 경험하곤 했다. 그런데 정말 간절한 기도가 거절되었다고 느꼈을 때도 있었다. 28세 나이에 암에 걸려 투병하던 한 자매를 위해 오랜 시간 전심으로 기도했었다. 하지만 "목사님, 저 어떻게 되는 거예요?"라고 묻는 아이에게 "이 고통의 끝에 주님이 너를 부르신다"라고 대답할 수밖에 없었다.

우리가 하나님의 일을 모두 알 수는 없다. 몇 마디 안 드린 기도에 즉시 응답해주시는가 하면 밤새 기도해도 응답하지 않으시기도 한다. 언제 어떤 이유로 응답하시는 것인지 알 길이 없다.

하지만 이런 경험을 통해 부인할 수 없는 한 가지를 깨닫는다. 바로 '하나님은 선하시다'는 사실이다. 내가 이해하지 못한다고 하나님께서 불의(不義)하신 것이 아니다. 하나님은 우리 안에 살아계신다. 내가 느끼지 못한다고 계시지 않는 것이 아니다. 문제는 내가 주님을 영접했음에도 불구하고 하나님이 도무지 없는 것 같은 '하나님 부재 현상'을 겪는다는 사실이다.

'도대체 제 기도를 들으시나요?'

때로 내 안에 하나님이 없다고 할 만한 삶의 모습을 본다. 아침에 새벽기도가 끝나면 종교적 의무를 완성한 만족감으로 "주님, 안녕히 계세요" 하고는 정신없이 바쁘게 돌아다니는 나를 본다.

하나님은 우리의 중심을 보신다. 속으로는 미워하고 이를 갈면서 겉으로만 괜찮은 척한다고 해서 괜찮은 것이 아니다. 용서하지 않으면 하나님 앞에서 나중에 문제가 된다.

듣는 자는 살아나리라

성경에 겁나는 이야기가 나온다.

> 이 무익한 종을 바깥 어두운 데로 내쫓으라 거기서 슬피 울며 이를 갈리라 하니라 마 25:30

이는 예수님이 직접 하신 말씀으로 주인이 준 달란트를 땅에 묻어 놓았던 종에게 한 말이다. 이는 불신자에게 한 말이 아니라 예수님의 말씀을 듣는 우리에게 경고하신 말씀이다. 예수님은 아무런 이유 없이 경고하는 분이 아니다. 회개하지 않고 하나님을 만날 수 없다. 죄를 청산하지 않고, 우상을 때려 부수지 않고, 하늘나라를 경험할 수 없다.

내가 진실로 진실로 너희에게 이르노니 내 말을 듣고 또 나 보내신 이를 믿는 자는 영생을 얻었고 심판에 이르지 아니하나니 사망에서 생명으로 옮겼느니라 요 5:24

그 다음 말씀도 잘 기억해야 한다.

진실로 진실로 너희에게 이르노니 죽은 자들이 하나님의 아들의 음성을 들을 때가 오나니 곧 이 때라 듣는 자는 살아나리라 요 5:25

"듣는 자는 살아나리라."

하나님의 음성을 듣고 살아나는 체험이 있어야 한다. 구원의 감격이 없으면 천국을 소망하기 쉽지 않다. 스스로에게 물어보라.

'내 안에 구원의 경험이 존재하는가?'

성경이 말하는 구원의 결과는 천국이다. 그러나 거기서 끝이 아니다.

내가 이것을 너희에게 이름은 내 기쁨이 너희 안에 있어 너희 기쁨을

충만하게 하려 함이라 요 15:11

주님께 연결되는 삶에는 충만한 기쁨이 있다. 이를 사도 베드로
는 이렇게 표현했다.

예수를 너희가 보지 못하였으나 사랑하는도다 이제도 보지 못하나
믿고 말할 수 없는 영광스러운 즐거움으로 기뻐하니 믿음의 결국 곧
영혼의 구원을 받음이라 벧전 1:8,9

믿음의 결과가 말할 수 없는 영광스러운 즐거움이라는 것이다.
'내가 그런 기쁨 가운데 있는가?'

그런 기쁨이 내 안에 충만하지 않을 때 낙심할 수도 있다. 하나님
은 나를 사랑하신다. 그것은 부인할 수 없는 진리다. 하지만 사랑이
느껴지지 않으면 그 진리를 알수록 더욱 괴롭다. 성경이 말하는 말
할 수 없는 기쁨을 누리지 못할 때 우리는 하나님을 향한 거절감을
느낀다.

이 거절감을 해결해야 한다. 간혹 간절히 기도해도 주님이 자신
을 만나주시지 않는다고 말하는 이들이 있다.

전에 한 권사님이 이렇게 부르짖는 것을 들었다.

"주님, 저를 좀 만나주세요. 간절히 전심으로 구합니다. 제발 저
를 만나주세요."

그런 후에 나에게 와서 이렇게 말한다.

"목사님, 기도해도 아무 일도 안 일어나요."

그때 내 마음에 한 가지 생각이 들었다.

'이 권사님은 아무 데나 가서 우는 분이 아니다. 별일도 없는데 저렇게 간절해지는 분도 아니다.'

주님을 만나지 못하면 간절해질 리가 없다. 주님이 우리와 함께 하지 않는데 교회에 가서 예배드릴 리 없다. 기도하면서 마음에 간절함이 일어날 리가 없다. 이 모든 것은 하나님께서 우리의 영혼을 만지시기 때문이다. 내가 원하는 현상이 아니라 내 안에서 일하시는 주님을 의식해야 한다.

현상을 넘어 주님을 보기

주님은 만나면 만날수록 그분을 향한 갈급함이 더해진다. 하나님은 당신 안에 계시면서 당신을 사랑으로 붙잡고 계신다. 그래서 그분 뜻대로 살고 싶은 것이다. 그분이 살아계시지도 않는데 그런 마음이 생길 리 없다. 하나님이 나를 거절하셨다는 사탄의 거짓말로부터 벗어나야 한다.

체험이 없다고 낙심하는 사람들이 있다. 그러나 체험보다 더 중요한 것이 있다. 기도하는 가운데 자신의 죄가 깨달아져 눈물 콧물을 다 쏟으며 회개했지만, 그 후 자신의 삶에 아무런 변화도 일어나지 않자 힘들어하는 사람들을 종종 본다. 《광세》를 쓴 파스칼이 성령의 불을 체험하고는 그 일이 너무 귀해서 '불이야'라고 적은 천을 옷에 꿰매놓았다. 그런데 그의 일대기를 보면 성령의 불을 체험한 다음의 내용이 이렇게 기록되어 있다.

"그리고 그게 전부였다. 다음 날 아침에는 죄를 지을 만큼 충분히 회복되었다."

이스라엘 백성들도 마찬가지이다. 홍해를 건너는 기적을 경험했지만 그들은 바뀌지 않았다. 하늘에서 만나가 내려와도, 놋뱀을 바라보고 살아나는 기적을 경험했어도 여전히 고난이 다가오면 하나님을 원망했다. 기적은 사람을 바꿀 수 없다.

말씀의 길을 가야 한다. 성경을 배우면서 주님을 알아가야 한다. 주일에 한 번 성경을 보는 것으로 만족해서는 안 된다. 성경을 통해 주님을 알아가는 과정이 필요하다.

지금 당신이 남산 타워 꼭대기에 있다고 가정해보자. 그런데 갑자기 인천 바다가 보고 싶다. 그렇다고 순간 이동을 해서 갈 수 있겠는가? 서울 시내에서 인천 앞바다까지 가는 과정이 필요하다. 내가 걸음을 떼야 한다. 지하철을 타든지 택시를 타든지 움직여서 인천으로 가야 한다. 그래야 바다를 만날 수 있다.

씨를 제때 뿌리지 않으면 거둠이 없다. 이 사실을 안다면 신앙의 성장과 주님을 알아가는 기쁨과 은혜도 내가 배우고 자라가려는 노력 없이는 되지 않는다는 것을 인정해야 한다. 그런 것도 하지 않으면서 주님이 나를 거절하셨다고 하면 주님도 섭섭하시다. 하지만 주님은 참으로 좋으신 분이어서 여전히 우리를 사랑하신다.

주님이 주님이신가?

당신의 삶 속에서 주님은 주(主)님이신가? 많은 경우 교인들의 기도는 한마디로 요약된다. 바로 "돈 주세요"이다. 그런 기도를 들을 때면 그에게 주님이 주인이신지가 의심스럽다. 만약 램프의 요정 지니(Genie)가 실제로 존재하고 내 앞에 있다면 지니에게 소원을 빌겠는가? 주님께 기도하겠는가?

물론 주님이어야 한다. 하지만 지니에게 마음이 흔들리는 이유는 무엇일까? 지니는 램프를 비비면 나온다. 하지만 주님은 간절히 기도해도 침묵하시는 것 같은 경험을 한다. 또한 지니는 소원 세 가지만 잘 말하면 된다. 그런데 주님은 소원을 말하는 순간, 그 소원에 문제가 있지는 않나 하는 생각을 일으키신다. 마지막으로 결정적인 차이점은 지니는 소원 들어주고는 다시 램프 속으로 들어가는데, 주님은 나와 같이 살자고 하신다. 거룩하신 분이 부담스럽게 말이다.

주님이 종교적 도움을 위해 필요한 분에 머문다면 '친밀함'이란 주제는 꺼낼 필요도 없다. 친밀함의 시작이 예수님을 영접함으로 시작되는 이유가 바로 여기에 있다. 우리에게는 주님이 해주셔야 할 일이 아니라 주님 그분 자신이 필요하다. 주님의 손이 아니라 주님의 얼굴이 필요하다. 문제 해결의 지식이 아니라 삶의 길을 동행하시는 구원의 주님이 필요하다.

주님은 우리에게 인격적인 분이심을 마가복음 7장에 나오는 수로보니게 여인을 통해 알 수 있다. 그 여인은 예수님께 자기 딸에게서 귀신을 쫓아내주시기를 간구했지만 예수님은 모욕적인 말로 그 요청을 거절하셨다.

예수께서 이르시되 자녀로 먼저 배불리 먹게 할지니 자녀의 떡을 취하여 개들에게 던짐이 마땅치 아니하니라 막 7:27

하나님은 사람을 시험하는 분이 아니신데 왜 이렇게 말씀하셨을까? 여인 안에 있는 진실한 마음이 드러나 인격적 응답을 하기 원하셨던 것이다. 주님은 우리의 인격적인 응답을 원하셔서 때로는 차가운 거절을 보이실 때가 있다. 이 수로보니게 여인에게는 자기 딸의 문제가 너무나 절실했기 때문에 개 취급을 당하는 모멸감이 문제가 안 되었다.

"주님, 상 아래 개들도 아이들이 먹던 부스러기를 먹습니다. 그러니 제발 제 딸을 살려주세요."

그러자 주님이 즉시 대답하셨다.

"돌아가라. 네 딸이 온전해졌다."

주님은 내가 나오기를 원하신다. 우리의 인격적인 요청을 원하신다. 침대에 드러누워서 "주님, 주님은 전능하시니 저 좀 잘되게 해주세요"라고 하면 안 된다.

거절을 마음에 새겨봤자 아무 쓸모없다. 다른 대안이 없다. 주님께로 나와야 한다. 지금이라도 예수님을 영접해야 한다. 내 마음에 의심이 들어도, 거절당한 분노가 나를 사로잡고 있어도 주님을 인격적으로 영접해야 한다. 내 연약함과 실패한 과거가 나를 가로막고 있어도 주님을 붙잡는 것 외에는 우리에게 다른 길이 없다.

볼지어다 내가 문 밖에 서서 두드리노니 누구든지 내 음성을 듣고 문을 열면 내가 그에게로 들어가 그와 더불어 먹고 그는 나와 더불어 먹으리라 계 3:20

주님은 당신의 마음의 문을 두드리시며 그 문을 열라고 말씀하신다.

어떤 사람들은 이렇게 이야기한다.

"옛날에 영접했는데 또 영접하면 믿음이 없는 것 같아."

또 영접하면 안 된다는 말이 성경 어디에도 없다. 언제나 영접해야 한다. 아침마다 주님을 환영하여 맞아들이며 내 삶의 주인이 그분이라고 고백해야 한다.

우리가 버려야 할 것은 내 뜻대로 하려는 의지, 자기를 주장하려는 의지이다. 내 마음대로 하고 싶은 것이 죄의 본질이다. 이것을 십자가에 못 박아 달라고 기도해야 한다. 주님을 내 삶의 주인으로 초대할 때 문제가 더는 문제가 될 수 없는 하늘의 기쁨이 나를 주장한다. 이것이 바로 친밀함으로 가는 첫 걸음이다.

CHAPTER

7

있는 모습
그대로 나아가라

허상을 처리하라

프란시스 살레는 《Introduction to the Devout Life 경건한 삶으로의 초대》라는 책에서 '경건의 허상'이라는 이름으로 신앙의 허상을 고발한다.

금식에 몰두하는 사람은 비록 자기 마음이 증오로 가득 차 있다 할지라도 금식만 하면 경건하다고 생각한다. 술 취하지 않고 절제하는 데 몰두하고 있는 사람은 입술에 술 한 방울은커녕 심지어 물한 방울도 대지 않으면서 오히려 중상과 험담으로 이웃의 피를 송두리째 마시는 일을 서슴지 않는다. 기도문을 암송하는 입으로 거

칠고 상스러운 말을 하고 또 어떤 사람은 기꺼이 지갑에서 돈을 꺼내 불쌍한 사람들에게 나눠주면서 원수를 용서하기 위해서는 마음 속에서 눈곱만큼의 친절함도 꺼내지 않는다. 많은 사람들이 거룩한 경건과 관련된 일정한 외적 행동들을 통하여 자신을 가장하고 있다. 사람들은 자신이 참으로 경건하고 영적인 사람이라고 생각하지만 사실 그들의 경건은 경건을 가장한 망상이요, 허상에 불과하다.

주일에 교회에 갔다고 해서 주일을 지키는 것이 아니고, 십일조를 냈다고 해서 헌금생활을 하는 것이 아니듯이, 새벽기도 시간에 앉아 있다고 해서 기도를 드리는 것은 아니다. 믿는다는 입술의 고백이 믿음은 아니다. 우리는 눈에 보이는 것으로 신앙생활을 나타내려고 한다. 보이는 것에서 신앙의 안정을 찾는 것이다. 그러나 이것이 바로 우리가 가지고 있는 '믿음에 대한 허상'이다.

우리는 허상에 시달린다. 왜냐하면 마음에서 현실이 되지 않기 때문이다. 성령의 역사는 마음의 생생한 현실로 일어난다. 초대교회 때 성령이 임하시니 교인들이 가난한 자에게 자기의 재산을 나눠주었다. 누가 강요하지 않아도 가난한 형제들의 아픔이 내 마음에서 현실이 되자 자기 것을 내놓았다. "예수님을 믿는 사람은 나누며 살아야 한다!"라는 구호 때문이 아니다. 지체의 아픔이 내 아픔이 되고, 형제의 고통이 내 고통이 되었기 때문이다.

안 되면 안 되는 채로 있어야 진짜를 할 수 있는 기회가 생긴다. 그런데 우리는 쉽게 조급해하고 답답해한다.

"그래도 가만히 있을 수 있나요? 뭐라도 해야죠."

성경은 우리에게 '뭐라도 하라'고 한 적이 없다. 다만 말씀에 순종하라고 한다. 주님이 이끄시는 삶의 열매로 나아가는 과정을 잘 통과해야 한다.

이때 마음의 어둠이라는 측면을 봐야 한다. 주님이 잡히시던 밤에 베드로의 마음이 어두워졌다. 베드로는 졸다가 예수님이 잡히시자 당황한다. 예수님을 잡으려는 사람에게 칼을 휘두를 때 예수님이 그것까지 야단치시니까 자신이 어떻게 해야 할지 몰랐다. 무엇을 해야 할지 모르는 어둠을 제대로 처리하지 못하면 더 심각한 문제가 찾아오는데, 그것은 다른 어둠이 당신의 마음을 지배하는 것이다.

당황한 베드로는 예수님을 쫓아가면서 '멀찍이' 거리를 둔다. 여차하면 도망가려는 것이다. 자기의 안전을 확보하고자 거리를 두면 그 거리가 또 다른 어둠을 만든다. 그리고 육체적인 거리는 자신이 진행하는 일에 대한 감각을 흐려놓는다. 베드로가 당장 몸이 추워서 불을 쬔 것처럼 말이다.

예수님의 수제자로 예수님을 졸졸 따라다니던 그가 밝은 데로 나갔다. 거기서 베드로는 예수님을 세 번이나 부인했다. 마음에 어둠이 없으면 첫 번째로 부인했을 때 '어? 나 부인하고 있네?' 하고 느껴야 하는데 어둠이 생기니까 반복되어도 깨닫지 못했다.

나는 "주께서 돌이켜 베드로를 보시니"(눅 22:61)라는 구절에서 은혜를 받았다. 주님이 잡혀 있는 근처 불 피는 곳에 베드로가 있었다. 그때 닭이 우니까 예수님이 돌이키시어 베드로와 눈을 맞추셨다. 배신한 베드로를 주님이 다시 쳐다보신다. 주님은 어두움을 밝히시면서 환한 빛의 은총으로 베드로의 어둠을 일깨우신다. 주님은 내 모습을 다 알고 계신다. 내가 잘 포장하고 있는 마음에 숨겨진 죄까지 다 아시면서도 나를 사랑하신다. 그리고 일깨워주기를 원하신다. 예수님은 그렇게 베드로의 배신을 깨닫게 하셨다. 이때 베드로는 눈물을 흘린다. 회개하려고 눈물을 짜내는 것이 아니라 자연스럽게 솟아 나온다.

마음의 현실을 느낀다고 해서 구원받는 것은 아니다. 단지 구원을 생생히 경험하는 것이다. 베드로는 자신이 배신할 수 있는 존재라는 마음의 현실을 못 볼 때는 큰소리쳤다.

"다 버릴지언정 저는 주님을 안 버리겠습니다."

하지만 자신이 직접 마음의 현실을 보고 나니까 죄인인 자신을 만난다.

구원의 체험은 이때 이루어진다. 주님이 그에게 찾아오시어 그 안에 들어 있는 또 하나의 진실을 마음의 현실로 보게 하신다. 예수님의 사랑을 경험하고, 그 사랑을 누렸기에 더는 예수님을 믿지 않겠다고 할 수 없고, 예수님의 제자가 아니라고 할 수 없는 마음의 흔적을 보게 하신다. 그것이 마음의 현실이 되니까 베드로가 용기를 내어 일어나서 그리스도의 교회를 이끌었다.

집 안의 탕자가 더 어둡다

사탄이 우리에게 어두운 마음을 줄 수 있다. 그러나 주님이 빛을 비추시면 깨달아 변화된다. 그런데 우리는 예배 시간에 억지로 참회의 시간을 가진다. 회개기도를 드리자고 하면 회개할 제목을 꾸역꾸역 생각해내려고 한다. 내 안에 어둠이 있어서다. 회개의 열매는 그렇게 얻는 것이 아니다. 마음으로 느껴 돌이킬 때 회개의 열매를 얻을 수 있다.

어둠의 증상을 잘 보여주는 것은 누가복음 15장에 나오는 탕자와 아버지의 이야기다. 어떤 아버지에게 두 아들이 있었는데, 둘째 아들이 아버지가 죽기도 전에 유산을 물려달라고 했다. 아버지는 두 아들에게 분깃을 각각 나눠준다. 둘째는 분깃을 물려받자마자 집을 나갔다. 아버지 집에 있기 싫었던 것이다. 그러고는 밖에서 재산을 다 탕진하고 고생하다 돌아온다.

그런데 집을 나간 둘째 아들만이 탕자는 아니다. 집 안에 남아 있던 아들도 제2의 탕자이다. 우리는 첫째 아들에게서 어둠의 현상을 뚜렷이 볼 수 있다. 그는 오늘날 교회 안에서 성실하게 신앙생활을 하지만 마음에 빛이 없는 한국 교회 교인들의 모습과도 비슷하다.

우리를 기쁨으로부터 가로막는 어둠의 현상은 무엇인지 첫째 아들을 통해 살펴보도록 하자.

첫째, 어둠의 증상은 분노이다. 아버지가 재산을 탕진하고 돌아온 둘째 아들을 위해 잔치를 베풀었을 때 맏아들이 어떤 반응을 보였는지 보라.

> 그가 '노하여' 들어가고자 하지 아니하거늘 아버지가 나와서 권한대
> 눅 15:28

그는 '화'가 났다. 동생이 돌아왔는데도 분이 나서 집으로 들어가지 않았다. 아버지 재산을 가져다 탕진하고 돌아온 아들을 위해 잔치를 베푸는 것은 말도 안 된다는 것이 첫째 아들의 정서였다. 아무리 생각해도 이해가 되지 않는 일을 만났다면 먼저 아버지께 가서 자신의 마음을 솔직하게 표현하는 것이 옳다.

"아버지, 이해가 안 갑니다. 어떻게 이러실 수가 있습니까?"

그러나 그는 집에 들어가지 않고 밖에서 화를 내며 원망과 불평을 쏟아낸다. 이것이 바로 어둠의 증상이다.

둘째, 어둠의 증상은 '과장'이다. 아버지가 집에 들어올 것을 권하자 맏아들이 무엇이라고 말했는지 살펴보자.

> 아버지의 살림을 창녀들과 함께 삼켜 버린 이 아들이 돌아오매 이를

위하여 살진 송아지를 잡으셨나이다 _{눅 15:30}

아버지의 재산이 거덜 난 것이 아니다. 성경을 보면 아버지가 재산을 나눠줄 때 각자 살림을 나눠줬다고 나온다. 각자의 분깃을 준 것이지 아버지의 재산을 다 준 것이 아니었다. 돌아온 둘째를 위해 송아지를 잡아 잔치를 베푼 것만 보아도 알 수 있다.

그런데 맏아들은 둘째 아들이 재산을 모두 삼켜버렸다고 한다. 또한 그것을 창녀들과 함께 삼켰다고 한다. 성경은 둘째 아들이 허랑방탕하여 그 재산을 낭비했다고 말하지만 구체적으로 창녀들과 낭비했다고 말하지는 않는다. 그럼에도 맏아들은 과장하여 그렇게 말하는 것이다.

이 말씀을 묵상하며 '나는 이런 일이 없는가?' 생각을 하는데, 한 가지 사건이 떠올랐다. 내가 조금 싫어하는 사람이 있었다. 한번은 누가 나에게 와서 그에 대해 나쁜 말을 했다. 그런데 그 비방에는 사실이 아닌 것들이 과장되어 있었다. 하지만 나는 알면서도 가만히 있었다. 내 마음의 어둠이 과장을 수용하는 자세로 드러난 것이다.

셋째, 자신의 축복을 누리지 못한다. 아버지가 분깃을 나눠줄 때 맏아들도 같이 나눠주었고 그도 자기 몫이 있었다. 그럼에도 불구하고 그 재산이 자기 것이라고 생각하지 않았다. 그가 아버지께 한 말을 보라.

내가 여러 해 아버지를 섬겨 명을 어김이 없거늘 내게는 염소 새끼라
도 주어 나와 내 벗으로 즐기게 하신 일이 없더니 눅 15:29

그에게 염소 새끼 몇 마리 이상의 분깃이 주어졌을 것이다. 그러
나 그는 한 마리도 잡아먹지 못했다. 왜냐하면 자신에게 준 축복이
마음의 현실이 되지 않았기 때문이다.

때때로 교인들이 다른 교인과 다툰 후, 그 사람 때문에 예배드리
기가 싫다는 말을 한다. 예배 시간은 하나님이 나를 축복하는 시간
이다. 다른 사람 때문에 하나님이 내게 주실 복을 거부한다는 건 말
이 안 된다.

우리는 순간의 작은 감정 때문에 우리가 받은 큰 축복의 기쁨을
놓치고 사는 경우가 많다. 나도 그렇다. 가족은 나에게 말로 설명할
수 없는 큰 축복이다. 그런데 가끔 아내가 나를 이해해주지 못하는
것 같아 서운한 마음이 들면 "다 필요 없어!"라는 말이 나온다. 그
렇게 다 필요 없다고 말해놓고 잠시 후에 아내에게 밥 달라고 한다.
대체 뭐가 필요 없단 말인가. "필요 없다"라고 말하는 것은 내게 주
신 축복을 다 쓸데없는 것으로 여기며 "사탄아, 가져가라"고 외치
는 것과 다름없다. 어둠이 만들어준 비극이다.

탕자 이야기에는 맏아들이 아버지 권고를 받고 돌아가서 잔치에
참여했다는 기록이 나오지 않는다. 참 마음 아픈 부분이다.

사실 우리는 탕자 이야기를 하면서 탕자를 은근히 무시한다. 하지만, 실상 탕자만큼 신앙생활하기가 쉽지 않다.

그는 아버지의 집에 돌아와 축제를 즐겼다. 탕자는 아버지 집을 마음의 현실로 가지고 있다. 그는 배가 고플 때 아버지의 집에 양식이 풍족함을 알았고 결국 돌아갈 결심을 한다. 아버지의 사랑을 경험해본 적이 있고, 아버지 집이 좋은 줄 알아야 다시 그곳으로 돌아갈 수 있다.

당신은 아버지 집의 기쁨을 맛본 적이 있는가? 아버지 집에서 누린 부요함에 대한 기억이 있는가? 우리 영혼에 심겨진 천국의 기억과 갈망을 일깨워 의식하는가?

우리 마음에 영원히 심겨진 아버지 집의 기억을 인식하는 것이 정말 중요하다. 자신 안에 있는 그 기억을 발견해보라. 이 세상에 영원한 것은 없다. 그런데 우리는 경험하지도 않은 영원한 것을 원한다. 일주일도 거침없이 행복해본 적이 없는 우리가 영원한 행복을 소망한다. 우리는 하나도 기억나지 않지만 에덴이, 영원한 나라가 우리 마음에 심겨져 있기 때문이다. 하나님이 천국에 대한 기억의 낙인을 우리 영혼에 찍어 놓으셨다. 깊게 남겨진 흔적을 보아야 한다. 우리는 이 세상의 것으로는 행복해지지 못한다. 돈이 행복을 줄 수 없다. 아버지 집이 느껴져야 행복할 수 있다. 하나님이 주시는 보람, 끊임없이 솟아나는 기쁨, 영원한 나라의 행복, 영원한 상급

같은 것들이 느껴질 때 비로소 숨통이 트이고 그것을 향해서 달려 가게 된다.

아버지 집으로 돌아가려고 애쓰지 말라. 밥을 먹을 때 맛있는 반찬을 먹으려고 애를 쓰는 사람은 없다. 맛있는 반찬에 저절로 숟가락이 가기 마련이다. 아버지 집으로 돌아가는 것도 마찬가지다. 자연스럽게 되는 것이지, 억지로 하는 것이 아니다.

우리가 할 일은 아버지의 집이 마음의 현실이 되도록 그 집을 묵상하는 것이다. 그리고 그 집을 마음에 반복해서 일깨워야 한다. 하나님이 주신 아름답고 축복된 신앙의 모습을 마음 가득 채워야 한다.

믿으면 하겠네

세상의 윤리학자들도 "원수를 사랑하라"는 예수님의 가르침에 대한 탁월함을 인정한다. 그런데 문제는 많은 사람들이 진실한 마음으로 노력함에도 불구하고 이 일에 실패한다는 것이다.

어떤 사람들은 "원수를 사랑하라"라는 말씀을 듣고 아예 시도도 해보지 않는다. 노력해도 안 될 일 같으니 차라리 처음부터 안 하는 것이다. 반면에 좀 우직한 사람들은 계속 노력을 해본다. 하지만 원수를 사랑하는 것이 쉽지 않다.

이 지점에서 길이 갈린다. 그래도 원수를 사랑하려고 노력하는 훌륭한 나를 위로 삼아 율법주의로 나가는 사람이 있고, 아무리 노력해도 되지 않자 말씀은 삶과는 다르다고 여기면서 "마음에는 원이로되 육신이 약하도다"(마 26:41)와 같은 성경구절을 인용하는 사람이 있다.

우리는 정직하게 고백해야 한다. 진실한 마음으로 원수를 사랑하려고 했는데 되지 않았다면 방식이 잘못된 것이다. 제대로 했는지 살펴봐야 한다.

'맞아, 더 열심히 했어야 했어. 더 노력해야 되는 건데…'

그게 아니다. 성경은 내 힘으로 원수를 사랑하라고 말하지 않았다. 주님은 수고하고 무거운 짐 진 자들을 자기에게 오라고 말씀하셨다. 우리는 예수님께로 나아가야 한다.

원수를 왜 사랑하는가? 원수가 사랑스러워지니까 사랑하는 것이다. 주님이 그렇게 만들어주시니까 사랑스러워지는 것이다. 예수님의 마음이 내 마음을 점령하면 원수가 이해되고 불쌍히 여겨진다. 이것이 바로 은혜다. 울어도 못하고, 힘써도 못하고, 참아도 못하지만 믿으면 하겠다고 고백하는 찬송가도 있지 않은가. 우리에게 이런 "믿으면 하겠네"라는 고백이 있어야 한다. 믿음으로 주님을 신뢰하고 기다려야 한다.

나를 위한 아버지의 명령

마음이 밝아지면 자기의 잘못이 깨달아진다. 탕자가 집을 나간 이유는 매우 간단하다. 아버지 집에 있고 싶지 않았기 때문이다. 그런데 궁핍한 신세가 되어 다시 아버지 집에 돌아갈 것을 생각하니 자기 죄가 보였다.

그는 아버지께 돌아가 "내가 아버지께 죄를 지었습니다"가 아니라 "내가 하늘과 아버지께 죄를 지었사오니"(눅 15:18)라고 한다. 자신이 하늘과 아버지께 얼마나 큰 죄인인지를 깨달은 것이다.

아버지의 명령을 듣기 싫어하고 재산만 원했던 탐욕스러운 자신을 발견한 그는 아버지를 떠나 제멋대로 살다보니 자신의 삶이 엉망이 되었음을 깨달았다. 이처럼 회개는 하나님의 명령이 나를 위한 사랑이었음을 깨닫고, 그 길을 가지 않았던 어리석음에 대해 안타까움을 일으키는 것이다.

이것을 깨닫게 되면 우리는 그 명령들은 자연스럽게 지키게 되고, 이것은 우리에게 진정한 유익이 된다. 안식일을 기억하여 거룩하게 지키는 것은 우리의 몸과 영혼의 회복을 위한 하나님의 초청이다. 다른 사람을 용서하라는 말씀은 용서를 통한 자유의 기쁨을 맛보라는 뜻이다. 만약 이 명령들이 지닌 진정한 의미는 다 거부하고 눈에 보이는 복만 원한다면 이것이야말로 명령은 듣기 싫고 복만 원했던 집 나간 탕자의 모습과 다름없다.

탕자처럼 기뻐하라

마지막으로 한 가지 더 생각해보자. 탕자는 아들 됨의 회복을 마음의 현실로 경험한다. 탕자가 재산을 다 낭비하고 집으로 돌아오자 아버지가 잔치를 열었다. 형편없는 모습이었지만 아들이 돌아온 것 자체가 기뻤기 때문이다. 만약 현수막을 걸었다면 "경축 가출한 아들의 귀환"이라고 썼을 것이다. 이때 탕자의 마음이 어떠했을까?

탕자는 돌아올 때 자신의 처지를 종의 위치에 놓았다.

지금부터는 아버지의 아들이라 일컬음을 감당하지 못하겠나이다 나를 품꾼의 하나로 보소서 눅 15:19

그러나 아버지는 그를 세상에서 가장 귀한 아들로 맞아준다.

아직도 거리가 먼데 아버지가 그를 보고 측은히 여겨 달려가 목을 안고 입을 맞추니 … 제일 좋은 옷을 내어다가 입히고 손에 가락지를 끼우고 발에 신을 신기라 그리고 살진 송아지를 끌어다가 잡으라 우리가 먹고 즐기자 눅 15:20,22,23

크게 기뻐하며 잔치를 베푸는 아버지를 보며, 탕자는 자신이 종이 아니라 아들임을 알고 확인하며 감격한다.

우리도 탕자처럼 하나님의 자녀 됨의 감격이 회복되어야 한다. 이 감격을 경험하는 자리가 바로 예배이다. "두 손 들고 주님 앞에 나아와 회개하십시오"라고 선포될 때, 이 감격이 있는 사람은 일어나서 "저는 죄인입니다. 그럼에도 자녀 삼아주시니 감사합니다"라고 고백할 수 있다.

'다른 사람이 나를 어떻게 보는가'보다 중요한 것은 '하나님께서 나를 어떻게 생각하는가'이다. 탕자가 돌아온 것을 비아냥거리는 사람도 있었을 것이다. 당장 그의 형도 기분 나빠하고 있다. 그러나 탕자는 그것보다 아버지가 자신을 아들로 여기고, 어느 누구도 이에 대해 간섭할 수 없게 한 아버지의 영광만을 본다. 그것이 감격스러우니까 즐겁게 잔치에 참여한 것이다. 아버지가 세워주는 것이 감격이 되고 마음의 현실이 되는 탕자의 기쁨을 알아야 한다. 이것이 잔치 가운데 있는 중요한 비밀이다.

예수의 마음을 품으라

여기까지 동의하여도 여전히 마음이 어려울 수 있다. 마음의 변화는 결코 가벼운 일이 아니다. 하지만 진리를 바라봐야 한다. 마음의 영역을 의식하면 변하기 시작한다.

선한목자교회에서 열린 영성일기 세미나에 창조교회 목사들이 참석한 적이 있는데, 그때 유기성 목사님을 통해 주님이 이런 말씀을 주셨다.

"너는 왜 마음을 보지 못하니? 너는 식사 중에 국에서 바퀴벌레가 나오면 그것을 건져내고 다시 그 국을 먹니? 그렇지 않을 거다. 너뿐만 아니라 다른 사람들도 그 국을 먹지 않도록 말리겠지. 그런데 네 마음에 미움이나 탐심이 들어오는 것은 왜 건져내지 않고 가만히 있니? 집 안에 낯선 사람이 침입하면 즉시 쫓아내면서 사탄이 네 마음에 침입해 휘젓고 있는데 왜 그냥 놔두고 있니?"

성령님은 내 마음의 상태를 활짝 열어 보여주셨다. 하지만 그때 마음이 더 어려워졌다. 나는 이미 국에 있는 바퀴벌레 맛이 어떨까 씹어볼 정도로 망가져 있음을 느꼈기 때문이다. 낯선 사람이 내 방에 들어와 앉아 있는데 이미 나는 그 상태에 익숙해진 것이다.

그런데 그 자리에 성령의 역사가 있었다. 내 자신의 망가짐을 발견할 때 마음이 힘들었지만 바로 그곳에서 주님의 은혜를 보게 되었다. 주님은 떠나지 않고 머물러 계신 것이다. 주님은 나를 포기하지 않으시고 여전히 "너는 내 것이라" 하시며 붙잡고 계신다.

너희 안에 이 마음을 품으라 곧 그리스도 예수의 마음이니 빌 2:5

마음이 망가진 죄인이 할 수 있는 일이 하나 있다. 주님의 마음을 초대하는 것이다.

성령님을 환영하라. 주님이 점령하시고 다스리실 수 있도록 성령님께 마음을 드리라. 성경은 "만물보다 거짓되고 심히 부패한 것은 마음이라"(렘 17:9)라고 말한다. 하나님과의 친밀한 교제는 이 마음의 현실을 제대로 직시하는 데서 시작된다. 아픔이 있지만 있는 그대로를 밝혀주시는 은혜 속에 어둠이 다루어질 때, 우리는 비로소 밝은 하늘 아래서 주님과 가까워진다.

태초에 하나님의 영이 혼돈과 공허와 흑암을 품고 계셨던 것처럼 주님은 우리의 어둠을 품고 계신다. 그리고 우리의 마음을 향해서 "빛이 있으라"(창 1:3)라고 말씀하신다. 주님으로 말미암아 빛이 들어올 때 우리는 친밀한 세상이 열리는 것을 보게 된다.

CHAPTER

8

성령을 따르는
삶을 살아라

구별된 그리스도인

우리는 세상에 속한 사람과 예수 그리스도의 사람이 어떻게 다른
지 구별할 수 있어야 한다. 세상에 속한 사람과 예수 그리스도의 사
람의 차이는 무엇일까? 갈라디아서는 이를 '믿음'이라고 말한다.
말로만 하는 믿음은 믿음이 아니다. 또한 우리의 공로가 들어간 믿
음도 진정한 믿음이 아니다. 사도 바울은 갈라디아서에서 '오직 사
랑으로 역사하는 믿음'을 말한다. 오직 믿음으로 구원을 얻는다고
고백할 때, 우리가 말하는 믿음은 사랑의 현실로 역사하는 생명력
있는 하나님의 선물이다.

바울은 갈라디아서에서 육체를 따르는 것과 성령을 따르는 것을

명확히 구분하는데, 육체의 소욕은 성령을 거스르고 성령은 육체를 거슬러 이 둘은 서로 대적한다고 말한다. 우리는 성경의 가르침대로 육체의 욕심을 버리고 성령을 따르는 삶을 살아야 할 것이다.

이러한 가르침은 구원의 방법에 대한 것이 아닌 '구원을 누리기' 위한 것이다. 구원을 누리는 것은 '예수 생명이 나타나는가'에 관한 것이다. 예수님을 믿으면 예수님이 내 안에 오신다. 그 예수님이 내 안에서 어떤 변화를 일으키는지를 알아야 한다. 하나님의 은혜를 알면 알수록 이 복음이 중요함을 깨닫는다.

예수님이 나를 위하여 죽으셨다는 진리가 구원의 근거와 중심이다. 그런데 삶의 현실로 이 진리 안에 들어가 참 생명을 얻으면 일어나는 일이 있다. 예수님을 닮아가고 예수 생명이 내 안에 일으키는 영광스러운 일들을 알고 누리게 된다. 천국을 생각만 해도 행복하고, 예수님을 믿는 것이 기쁨 가득하고, 말씀을 따라 살아가는 것이 무엇과도 바꾸기 싫은 즐거움이 된다.

예수님을 인격적으로 믿고 나면 변화가 따른다. 죄인의 괴수라도 예수님을 만나면 변화된다. 우리가 서로 용서할 수 있고, 사랑할 수 있는 존재가 된다. 그런데 예수님을 믿고 즉시 우리가 바뀌는 것이 아니다. 복음이 자신의 마음을 얼마만큼 점령했는지 점검해야 한다.

사도 바울은 복음과 율법을 비교하며 율법주의로 회귀하려는 갈라디아교회 성도들에게 다음과 같이 말한다.

나의 자녀들아 너희 속에 '그리스도의 형상'을 이루기까지 다시 너희

를 위하여 해산하는 수고를 하노니 갈 4:19

바울은 갈라디아 교인들이 '그리스도의 형상'을 이루기까지 해산하는 수고를 하겠다고 한다. 여기서 '형상'이라는 단어는 헬라어 원어로 배 속에 있는 아기를 표현하는 의학용어다. 태아는 배 속에서 자라난다. 아기가 배 속에서 잘 자라고 있는지를 살펴야 하듯 우리도 내 안에 '그리스도의 형상'이 잘 자라고 있는지를 살피는 일이 중요하다.

그런데 이때 사탄이 우리를 공격한다.

"넌 자라지 않잖아. 그러니까 하나님의 형상이 없는 거야."

이런 사탄의 속임수를 받아들여서는 안 된다. 나는 이 속임수 때문에 하나님을 향한 마음을 빼앗긴 적이 많다. 예수님을 믿어도 좀처럼 변화하지 않는 나를 보기 때문이다. 그러나 진리는 내가 느끼는 것이 아니다.

진리는 이것이다.

"문제 있는 나를 주님이 사랑하신다!"

이 사실을 굳게 믿어야 한다. 성경에는 내가 무엇인가를 열심히 해야 주님이 나를 사랑하신다는 말씀도 없고, 헌금을 많이 내야 사랑하신다는 말씀도 없다.

다른 이를 섬기고 헌금을 내고 헌신하는 모든 것은 구원받은 결과로 자발적으로 기쁘게 하게 되는 것이다. 그 기쁨의 현상은 흉내

낸다고 되는 게 아니다. 아무 나무에나 사과를 걸어놓는다고 사과나무가 되는 게 아니다. 사과나무에 사과가 맺히는 것이다. 내 안에 오신 예수님이 내 존재를 변화시키신다는 사실을 믿어야 한다.

주를 믿는 믿음 안에서 사는 것

내가 그리스도와 함께 십자가에 못 박혔나니 그런즉 이제는 내가 사는 것이 아니요 오직 내 안에 그리스도께서 사시는 것이라 이제 내가 육체 가운데 사는 것은 나를 사랑하사 나를 위하여 자기 자신을 버리신 하나님의 아들을 믿는 믿음 안에서 사는 것이라 갈 2:20

예수님을 믿고 이 말씀을 읽으며 우리는 감격한다. 그런데 이 말씀에는 더 알아가야 할 부르심이 있다. 내가 그리스도와 함께 십자가에 못 박히는 것은 과거의 일이 아니다. 예수님이 지금 내 안에 사신다. 어제가 아니라 오늘 지금 여기서 그분을 믿는 믿음 안에 사는 것을 점점 더 구체적으로 느끼고 알아가야 한다. 그것이 바로 신앙의 성장이다.

교리적으로 말하면 간단하고 명확하다. 주인이 바뀌는 것이다. 당신의 주인은 예수님이시다. 그런데 이것이 경험적으로 어떤 현상으로 나타나는지가 중요하다.

예수님이 주인이시면 다른 주인이 죽어야 한다. 그래서 다른 주인을 죽이신 것이 십자가 사건이다. 죄인인 나를 죽이시고 주님이 나를 점령하셨다. 그리스도를 믿는 믿음 안에 산다는 것은, 내가 중심이 되어 내 이익을 추구하고 나를 즐겁게 하려고 하는 모든 것을 십자가에 못 박는 것이다. 그리고 예수님이 주인 되시는 다른 차원의 삶을 사는 것이다. 예수님을 믿기 전에는 몰랐는데 믿고 나니 기도의 능력을 경험하게 되고 주님의 은혜를 누리게 된다. 또한 예수님을 믿고 그 사랑을 경험하게 되니 그 사랑으로 다른 사람을 사랑하게 된다. 이것이 복음의 길이다.

하나님의 아들을 믿는 믿음 안에 사는 것은 주님이 내 안에 계시면서 그분이 역사하시는 것임을 경험하는 삶이다. 그 은혜를 굳게 붙드는 것이 믿음이다.

육체의 일과 성령의 열매

사도 바울은 '육체의 일'과 '성령의 열매'를 구분한다.

'육체의 일'은 분명하니 곧 음행과 더러운 것과 호색과 우상 숭배와 주술과 원수 맺는 것과 분쟁과 시기와 분냄과 당 짓는 것과 분열함과 이단과 투기와 술 취함과 방탕함과 또 그와 같은 것들이라 전에 너희에게 경계한 것같이 경계하노니 이런 일을 하는 자들은 하나님의 나라를 유업으로 받지 못할 것이요 오직 '성령의 열매'는 사랑과 희락과 화평과 오래 참음과 자비와 양선과 충성과 온유와 절제니 갈 5:19-23

여기서 육체의 일과 성령의 열매가 대비되고 있다. 예수 그리스도의 사람이 되면 육체의 일에서 벗어나 성령의 열매를 맺게 된다.

육체의 일을 구체적으로 보면 음행, 더러움, 호색, 우상 숭배, 주술 등 '끌리는 죄'가 있다. 이는 육체의 욕구를 따라 범하게 되는 죄이다. 그런가 하면 원수, 분쟁, 시기, 분냄, 당 짓기, 분열, 이단 등 '자기가 중심이 된 죄'가 있다. 헬라어로 죄는 '하마르티아'인데 이는 '과녁을 벗어났다'는 의미다. 내가 하나님이 되려고 하는 데서 이루어지는 죄다. 그런가 하면 투기, 술 취함, 방탕 등 성경이 '무법'이라고 표현하는 죄가 있다. 내 마음에 기준 자체를 없애버리고 방탕하게 살아가려는 태도를 말한다. 이런 태도들이 육체의 일이다. 성경은 이 육체의 일로부터 떠나 성령의 열매를 맺으라고 말한다.

사랑, 희락, 화평은 '아름다운 내 마음의 상태'를 나타낸다. 오래 참음, 자비, 양선은 '이웃을 향한 내 마음의 상태'를 나타낸다. 또 충성, 온유, 절제는 '사명을 이루어가는 마음'이다. 이 열매는 복수형으로 '열매들'이라 하지 않고, 단수형으로 '열매'라고 했다. 따라서 아홉 가지 열매라기보다 한 열매에 아홉 가지 맛이 있다는 정도로 이해하면 좋겠다. 당신은 이 열매의 맛을 느끼고 있는가? 이것들은 예수 그리스도의 거룩한 성품으로 그분이 내 안에 계시기 때문에 자연스레 드러나게 되는 맛이다.

'일'과 '열매'라는 대비를 더 구체적으로 생각해보면, 조금 당혹스러운 부분이 생긴다. 일은 못하면 배워서 해야 하고 노력해서 쟁

취해야 한다. 반면 열매는 자연스럽게 맺힌다.

바울이 말한 육체의 일에서 처음 나오는 것이 '음행'이다. 음행은 배워서 하는 것이 아니다. 안 가르쳐줘도 한다. 그런데 그것을 '일'이라고 표현했다. 왜냐하면 일은 무엇인가에 매여 이루어지는 것이기 때문이다. 일은 돈, 즉 삯을 바라고 하는 것이다. 사람은 일을 하면서 즐거움의 삯을 기대한다. 죄도 즐거운 대가가 주어지기를 기대하는 행위이다. 그런데 하나님께서 정하신 죄의 삯은 '사망'이다.

반면 성령의 열매에서 첫 번째로 나오는 '사랑'을 생각해보자. 사랑이 그냥 되는가? 처음에는 불같이 일어나는 마음에 "당신 없이 못살아"라고 고백하지만 몇 년이 지나면 "당신 때문에 못 살아"라고 한다. 배워도 안 되고 노력해도 얻기 힘든 것이 사랑이다. 그런데 성경은 그것이 자연스럽게 맺히는 열매라고 말한다. 왜냐하면 이 열매는 성령으로부터 자연스럽게 열리는 것이기 때문이다. 물론 우리 자신을 십자가에 못 박는 치열한 노력이 진행되는 일의 측면처럼 보이는 부분이 있다. 하지만 이 열매들은 내 노력의 결과가 아니라 성령으로부터 맺혀 나오는 것이다.

자신의 힘으로 이루려는 것을 성경은 '다른 복음'이라고 한다. 많은 그리스도인들이 그렇게 살려고 애쓰고 있다. 내 힘으로, 내가 노력해서 열심을 내면 '뭔가 조금 되는 것 같은' 착각이 일어난다. 하지만 성경은 분명히 이야기한다.

우리가 너희에게 전한 복음 외에 다른 복음을 전하면 저주를 받을지어다 갈 1:8

바울이 이토록 엄격하게 이야기하는 이유가 있다. 그것이 우리를 참된 복음으로 이끌지 않고 혼돈과 더러운 욕심에 빠지게 하기 때문이다. 사람은 자신의 땀으로 이룬 일에 보상을 원한다. 그러나 구원은 보상으로 주어지는 것이 아님을 기억해야 한다. 사람의 땀 냄새가 나는 곳에는 자기의 이익을 취하려는 더러운 싸움이 있기 마련이다.

하나님의 열심을 품으라

성령의 열매에 대한 바울의 가르침에서 꼭 배워야 할 진리는 바로 예수 그리스도의 사람이 되는 것이 무엇을 의미하는지 아는 것이다.

먼저 예수 그리스도의 사람이 된다는 것은 도덕적 선행을 하려고 애쓰는 것을 뜻하지 않는다. 이 세상에는 선한 일을 이루어가는 방식이 있다. 착하게 살려고 애쓰는 것이다. 그러나 성경은 그렇게 해서는 안 된다고 한다. 그렇다고 나쁘게 살라는 것이 아니다. 선(善)이 내 힘으로 애써서 이루는 것이 아님을 알라는 의미이다.

많은 사람이 자선 사업을 한다. 하지만 그것이 세상의 구원이 되지 못한다. 수많은 사람들이 기부를 하는데 가난한 사람들은 여전히 가난하다. 물론 자선 단체들의 활동을 통해 생명이 살아나는 게 사실이다. 그러나 한계가 있다. 자칫 하면 자선을 한 내 행위에 만족해버리고 마는 경우가 있다. 죄인으로서 십자가에 못 박혀 죽은 것이 확인되어야 하는 과정이 사라지고 내가 괜찮은 사람처럼 여겨진다. 그래서 다른 복음이 될 수 있다.

내가 주도해서 애쓰면 애쓸수록 육체의 일이 드러난다. 그런 의미에서 소위 거룩한 일들도 육체의 일이 될 수 있다. 주님을 섬기는 일이 육체의 일로 변질되지 않았다면 한국 교회 안에 시기, 분쟁, 다툼, 이단 등의 일이 일어나는 이유가 무엇이겠는가? 내가 주도하려고 하고, 내 이름이 나타나야 되기 때문이다. 목사도 그런 유혹을 받는다. "홍기영 목사가 설교 잘했다"라는 말을 듣기 원하는 것이다. 이것이 육체의 일이다. 그것은 기쁨을 빼앗아가고, 사람들의 인정을 의존하며 불안해하는, 다른 복음이 만드는 저주스러운 일이다.

열심히 기도하면 복을 받는다. 그런데 열심히 기도하면서도 내 욕심과 내 뜻을 붙잡고 있으면 기도하면서 하나님을 다그친다. 이 잘못된 태도로부터 벗어나야 한다. 열심이 필요 없다는 말이 아니다. 성경은 열심을 품고 주를 섬기라고 이야기한다. 하지만 갈라디아서 4장 17절에서 보듯 사람이 중심이 되어 이끄는 열심은 조심해야 한다.

그들이 너희에게 대하여 열심 내는 것은 좋은 뜻이 아니요 오직 너희를 이간시켜 너희로 그들에게 대하여 열심을 내게 하려 함이라

반대로 하나님의 열심이 있다. 고린도후서 11장 2절을 보면 바울이 이렇게 말한다.

내가 하나님의 열심으로 너희를 위하여 열심을 내노니

따라서 내 열심이 무엇인지 분별해야 한다. 성령의 열매에 대한 바울의 가르침에서 가장 먼저 기억할 것은 이것이 '일'이라는 내 노력의 구조로 이루어지지 않는다는 사실이다.

정욕과 탐심을 못 박으라

예수 그리스도의 사람이 된다는 것, 성령의 열매를 맺는 삶이 된다는 것은 정욕과 탐심이 육체와 함께 십자가에 못 박혔다는 것이다.

그리스도 예수의 사람들은 육체와 함께 그 정욕과 탐심을 십자가에 못 박았느니라 갈 5:24

예수 그리스도의 사람은 노력으로 만들어가는 것이 아니라 성령으로 태어난다. 예수님이 우리를 십자가에 못 박아 주시면서 태어난다. 문제는 십자가에서 내려오는 사람들이 있다는 것이다. 예수님이 십자가에 달려 죽으실 때 사람들은 예수님을 향해 "네가 그리스도면 내려와 보라" 하면서 조롱했다. 주님은 비웃음과 조롱을 참으며 고요히 십자가에서 죽으셨다. 이것이 구원의 길이다. 예수님 당시로부터 지금까지 동일하게 흘러내려오는 복음이다.

모든 불행의 원인은 우리의 정욕과 탐심, 감정과 욕심들이 십자가에 못 박히지 않는 데 있다. 못 박아도 자꾸 살아난다. 부부싸움을 할 때 이기고 싶은 마음이 바로 육체의 소욕이다. 내가 이기고 싶은 마음이 있으면 무엇이 옳은지는 중요하지 않게 된다. 내 마음대로 하고 싶다. 자식이 내가 원하는 모습을 보이지 않을 때 싸우게 된다. 자식도 마찬가지로 아버지가 원하는 건 싫고 나대로 살겠다고 싸우는 것이다. 그런 싸움은 이기는 족족 저주가 된다는 사실을 기억해야 한다.

내가 이기고 싶은 마음을 버리지 않으면 구원의 기쁨을 맛볼 수 없다. 우리가 돈을 원하는 이유는 내가 사고 싶고, 먹고 싶고, 가고 싶은 곳에 가는 등 내 마음대로 하고 싶은 것들 때문이다. 그래서 돈이 일만 악의 뿌리가 된다. 이것을 버리지 않으면 돈의 영(靈)에 시달리게 된다. 그 영의 이름은 '궁핍'이다. 평생 나누는 기쁨을 모르고 자신이 쥐고 있는 것도 누리지 못한 채 죽어간다.

사람에게는 원수가 망하는 것을 보고 싶은 마음이 있다. 이것이 죄인의 진심이다. 나를 괴롭혔던 사람이 벼락 맞았다는 소식을 듣게 되면 이불 뒤집어쓰고 웃는 게 사람이다. 그런데 바로 그 마음이 불행의 사라지지 않는 이유다.

내 마음대로 하는 것은 죄로 달려가는 길이다. 가족을 내 마음대로 휘두르고 나면 가족을 잃는다. 어떤 사람은 가족을 돈으로 조정한다. 그러면 그 집에는 돈만 남는다. 아버지가 돌아가신 후 아버지의 아들딸이 아니라 돈을 원하는 존재들만 남게 된다. 내가 주도가 되어 움직일 때에 나타나는 저주들을 볼 수 있어야 한다. 세례는 바로 그런 나를 죽이고 하나님이 주도하심을 바라보는 것이다.

성령의 인도하심을 받으라

예수 그리스도의 사람이 된다는 것은 성령의 인도하심을 받는 것이다. 바울은 날마다 죽는다고 했다. 한 번으로 끝나는 게 아니라 매일의 싸움이다. 주님 오실 때까지, 내가 완성되어 하늘나라 창고에 알곡으로 인정되어 들어갈 때까지 싸워야 한다. 여기서 선명히 이해해야 할 것이 있다. 바로 성령님의 인도하심이다.

내가 또 말합니다. 여러분은 성령께서 인도하여 주시는 대로 살아가십시오. 그러면 육체의 욕망을 채우려 하지 않을 것입니다. 갈 5:16, 새번역

성령의 인도하심을 받는다는 것은 육체의 욕망을 제거한 후에 성령의 인도를 받으라는 말이 아니다. 순서가 바뀌었다. 성령의 인도함을 받으면 육체의 욕망을 채우지 않게 된다는 말이다. 육체의 욕망을 버리고 성령의 인도를 받게 되면 주님이 주체가 된다. 우리가

노력해야 될 것은 주시는 것을 취하려는 노력이다. 이것이 믿음이다. 주님이 내게 일으키시는 것을 바라보는 것이다.

그래서 믿음이 어렵다. 구체적인 일을 하라고 하면 쉽다. 예를 들어 구원 받기 위해서 2천만 원짜리 구원 딱지를 사야 한다고 하면 사람들은 지갑을 연다. 실제로 구 아무개가 자신이 재림 예수라고 하면서 2천만 원짜리 구원 티켓을 파는 것을 봤다. 정상적인 사고로는 바보 같은 일인데 사람들은 그런 행동을 한다. 그리고 그것에서 안정감을 느낀다. 돈이 클수록 안정감도 커진다. 그것이 인간 심리다. 우리도 자칫 이 세상이 주는 가짜 안정에 빠질 수 있다. 내가 무언가를 하고 얻어냈다고 생각하기 쉽다. 그러나 복음은 나는 죽고, 주님이 하시는 것이다.

그런데 내가 하는 일도 없고 아무 일도 일어나지 않으니까 믿음을 취하지 못하고 다른 복음을 따라간다. 주님이 내 마음에 차 오르기까지 기다려야 한다. '열심히 봉사해야지'가 아니라 열심히 일하라고 하실 때까지 기다려야 한다. 성령충만을 받아 일해야 한다. 교회 일을 진행하는 것이 중요한 게 아니다. 내 힘으로 열심히 할수록 하나님나라의 역사를 크게 망친다.

'목사님, 그래도 뭔가 되어 가는 게 있어야 하지 않을까요?'

아니다. 믿음으로 주님을 기다려야 한다. 십자가를 통과했는지를 봐야 한다. 주님이 말씀하시는 사랑의 길을 따라야 한다. 그 사랑의 핵심은 상대방의 유익을 추구하는 행동이며 내가 희생하는 것이다.

내가 애쓰려 하니까 십자가가 능력을 경험하지 못한다. 내 연약함으로 몸부림치는 나를 주님이 사랑하신다. 내 힘과 노력으로 이루려고 하는 어리석음 가운데 빠져 있는 나를 불쌍히 여기신 주님의 사랑이 바로 십자가다. 주님은 오셔서 발버둥치는 죄인을 처리하신다. 그리고 새롭게 태어나게 하신다. 마음과 뜻이 성령으로 거듭나게 하신다. 성령 하나님을 초대하라. 오직 성령의 능력으로만 충만하여서 그분이 내 안의 현실이 되시고 능력이 되셔서 이루시는 일을 보라. 친밀함은 바로 그 자리에서 태어나 자라간다.

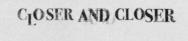

CLOSER AND CLOSER

새로운
열림

하나님과의 관계는 내가 애를 써서 이루는 것
이 아니라 하나님께서 주시는 선물이다. 나는
이를 이해하는 것을 '열림'이라는 말로 표현
하고 싶다. 내가 믿는 것 같지만 실은 주님께
서 그 믿음을 주신 것이다. 이 보이지 않는 주
님의 역사를 깨닫는 이해가 열려야 하나님과
의 관계에서 친밀함을 누리게 된다. 그리고
이 이해가 열려지는 만큼 친밀함도 깊어진다.

평화 평화로다 하늘 위에서 내려오네
그 사랑의 물결이 영원토록 내 영혼을 덮으소서

<내 영혼의 그윽히 깊은 데서> 중에서

하나님의 요청에
인격적으로 반응하라

다윗의 삶은 고난을 통해 변화되었다. 그는 시편 18편에서 다음과 같이 고백한다.

여호와는 나의 반석이시요 나의 요새시요 나를 건지시는 이시요 나의 하나님이시요 내가 그 안에 피할 나의 바위시요 나의 방패시요 나의 구원의 뿔이시요 나의 산성이시로다 시 18:2

그가 이런 고백을 하게 된 이유가 다음 구절에 나와 있다.

사망의 줄이 나를 얽고 불의의 창수가 나를 두렵게 하였으며 스올의 줄이 나를 두르고 사망의 올무가 내게 이르렀도다 시 18:4,5

이것이 다윗의 상황이었다. 그런데 놀랍게도 이 시는 사무엘하 22장에 '다윗의 승전가'로 기록되어 있다.

미시시피 변방 빈민가에서 흑인 사생아로 태어나 아홉 살에 강간을 당하고, 열네 살 때 미혼모가 되었는데 2주 후에 아들이 죽는 아픔을 겪은 소녀가 있었다. 친척들로부터 계속되는 학대를 받았으며, 한때는 약물 중독에 시달렸다. 이 소녀가 오랜 세월이 흘러 1997년 〈월스트리트저널〉에서 미국인들에게 가장 존경 받는 사람 3위에 뽑혔다. 또 1998년에는 〈포춘〉지가 선정한 미국 최고의 여자 비즈니스 2위, 2011년도에는 〈타임〉지에서 선정한 세계에서 가장 영향력 있는 100인이 되었다. 바로 오프라 윈프리다.

그녀가 진행하는 토크 쇼에서는 초대 손님의 솔직한 이야기들을 들을 수 있다. 불우한 성장 과정을 딛고 자신의 약점을 강점으로 바꾼 윈프리는, 일관된 진실성으로 상대방의 감춰진 이야기를 자연스럽게 유도한다.

그렇지만 고난 당한 모든 사람들이 그녀처럼 되지는 않는다. 자신이 당한 고통으로 인해 잘못된 길을 걷는 사람들도 많다. 고통이 사회와 세상에 대한 불만으로 표출되어 범죄로 이어지는 것이다. 이처럼 어느 누구에게는 고난이 영광의 기회가 되지만 다른 이에게는 그저 고통일 뿐이다. 왜 같은 일은 겪는데 이렇게 다른 결과가 나오는 것일까? 그 해답을 우리는 다윗의 인생을 통해 찾을 수 있다.

다윗 역시 인생의 수많은 고난을 경험했다. 그렇지만 그는 극한 고난의 상황에서도 도우시는 하나님의 능력을 고백했다.

다윗이 거인 골리앗을 물맷돌로 쳐 죽였을 때, 그의 인생은 탄탄대로일 줄 알았다. 그런데 전쟁에서 돌아오는 길에 "사울이 죽인 자는 천천이요 다윗은 만만이로다"(삼상 18:7)라며 백성들이 노래하기 시작했고, 이때부터 사울왕은 다윗의 목숨을 위협하기 시작했다. 사울은 죽기 전까지 평생 다윗을 죽이려고 쫓아다녔다.

그런데 왕의 추적을 피해 도망 다니던 다윗에게 사울을 죽일 기회가 두 번이나 있었다. 한 번은 천막에 잠들어 있는 사울을 내려다봤던 순간이고, 또 한 번은 사울이 동굴에 용변을 보러 들어왔을 때였다. 다윗은 단칼에 자신의 고통을 끝내버릴 수 있었다. 그러나 그는 하나님을 경외하는 마음 때문에 사울을 죽이지 않았다. 다윗은 자신의 삶에서 일어나는 고난을 다 이해할 순 없었지만 끝까지 하나님을 신뢰했다.

어떻게 다윗은 하나님을 신뢰할 수 있었을까? 그것은 바로 그가 '하나님과 인격적인 교제'를 나누었기 때문이다.

고난을 다루고 있는 욥기에서 욥에 대한 표현으로 가장 먼저 나오는 히브리어 단어는 "가도르"이다. 이 말은 '위대한 자, 훌륭한

자'라는 뜻이다. 이 단어가 보여주는 욥기의 첫 메시지는 고난이 당신 안에 있는 위대함을 일깨운다는 것이다.

고난은 우리 영혼을 뒤흔들어 깊이 잠든 마음의 소원을 일깨운다. 괴로울 때 우리는 내 영혼이 부르짖는 참 소망의 소리를 듣게된다. 이 소리를 듣는 데 꼭 필요한 지식이 있다. 이 모든 것을 다스리시는 분이 하나님이시라는 사실이다. 하나님께서 어려움을 만들어내지는 않으신다. 그러나 그 어려움을 사용하시어 우리의 영혼을 다듬으신다.

욥은 아무리 힘들어도 하나님을 하나님으로 인정한다. 전능하신 그분이 모든 것을 다스리신다는 전제 아래에서 자신에게 고난을 허락하신 이유를 물었던 훌륭한 사람이었다.

하나님은 인격적이시다

하나님은 우리를 인격적으로 대하신다는 사실을 알아야 한다. 우리 세대는 인격적인 대우가 다소 부족한 가정에서 성장했다. 나의 아버지는 참 좋으신 분이었지만 신앙생활을 지도하시는 데 있어서는 무척 엄격하셨다.

"너 주일에 뭐 사먹고 싶니? 차라리 죽어라."

이런 분위기였다. 돌이켜 생각해보면 목숨보다 중요한 기준이 있음을 가르쳐주신 아버지께 감사하게 된다. 그러나 사실 강압은 사랑을 이해하는 데 어려움을 준다. 많은 부모가 권위를 이용하여 아이들에게 강압적으로 무엇인가를 시키려고 한다. 부모가 자식을 미워해서가 아니라 사랑해서 그러는 것임을 안다. 하지만 그런 환경에서 자라난 아이들은 하나님이 자신을 인격적으로 대하신다는 것을 믿기가 쉽지 않다.

태초에 하나님이 천지를 창조하시고 사람을 지으실 때, 하나님의 형상을 따라 그분과 인격적으로 교제하도록 지으셨다. 모든 피조물 중에 하나님과 대화할 수 있는 것은 사람뿐이다. 하나님이 인격적이라는 것은 하나님이 우리를 인격적 존재로 대우하신다는 뜻이다. 이를 명확하게 보여주는 사건이 인간의 타락이다. 하나님은 사람이 죄 짓는 행위 자체가 불가능하게 만드실 수 있다. 하나님께서 선악과를 먹으려는 아담과 하와에게 한 번만 큰소리 치셨어도 그들은 하려던 일을 멈췄을 것이다. 하지만 그렇게 하지 않았다.

하나님은 우리의 인격적 행위를 존중하신다. 그러나 사탄은 우리에게 혼돈을 일으키고 하나님을 오해하게 만든다. 하나님을 유혹거리를 놔두고는 회초리 들고 있는 분처럼 여기게 만든다. 죄 지으면 "꼼짝 마" 하고 나타나는 경찰관 같은 하나님을 믿는 사람들이 굉장히 많다. 그것은 하나님의 인격이 아니다.

선악과는 따서 먹으라고 있는 나무가 아니라 바라보고 하나님을 경외하라고 있는 나무였다. 모든 것을 마음대로 할 수 있었던 아담에게 '내 위에 하나님이 계심'을 기억하도록 주신 축복의 나무, 사탄처럼 교만에 빠지지 않도록 하기 위해 주신 배려의 나무였다. 하나님의 창조에는 선하지 않은 것이 없다.

그런데 그 선악과를 아담이 따 먹었다. 전능하신 하나님께서 아담이 범죄하도록 방치하셨다고 오해하는 것은 바로 그분이 우리를 인격적으로 존중한다는 사실을 잊어버리기 때문이다. 제일 중요하고 기본이 되는 사실을 우리는 자주 잊어버린다.

지금도 하나님은 마음만 먹으면 우리가 죄 짓지 않게 하실 수 있다. 나쁜 짓을 하면 피부색이 변한다든지, 거짓말을 하면 피노키오처럼 코가 길어진다든지 해서 죄 짓는 걸 막으실 수 있다. 그러나 하나님은 그렇게 하지 않으셨다. 처음부터 죄에 대한 방어기제가 우리 안에 들어와 있다면 그건 사람이 아니라 로봇이다. 인격적 존재가 아니다.

죽은 후 천국과 지옥을 뻔히 보고 지옥을 택할 사람은 없다. 그러나 죽음 후의 선택은 우리를 구원하지 못한다. 지옥불을 보고 나면 인격적 선택이 불가능하다. 인격적 선택이란 나의 마음을 기울여서 하는 선택이다. 하나님은 그것을 중요하게 생각하신다.

하나님은 인격적 응답을 기다리신다

하나님은 우리가 인격적 응답으로 그분 앞에 나오길 기다리신다. 그리고 그 과정을 통해 하나님과의 친밀한 관계를 이루어가신다. 많은 그리스도인들이 "하나님은 나에게는 역사하시지 않아요"라고 말한다. 하나님이 들으면 섭섭하실 말이다. 주님은 모든 준비를 다

해놓으시고 구하라고 하셨는데 당신이 구하지 않은 것이다. 혹은 구하긴 했는데 제대로 구하지 않아서 받지 못한 것이다. 하나님의 마음을 알고, 그분의 은혜 속에 서야 한다. 우리에게 좋은 것을 주고 싶으신 하나님의 마음을 알아야 한다.

나의 하나님이 그리스도 예수 안에서 영광 가운데 그 풍성한 대로 너희 모든 쓸 것을 채우시리라 빌 4:19

하나님은 우리가 물 한 그릇 떠놓고 "비나이다"를 수없이 반복하며 필요한 것을 말씀드려야 하는 존재가 아니다. 하나님은 이미 우리의 쓸 것을 다 아시고 그것을 주실 마음과 능력이 있으시다. 그럼에도 우리에게 쓸 것을 구하라고 하신다. 에스겔서에서도 이러한 모습을 볼 수 있다. 하나님은 에스겔에게 회복의 비전을 보여주시며 말씀하신다.

주 여호와께서 이같이 말씀하셨느니라 그래도 이스라엘 족속이 이같이 자기들에게 이루어 주기를 내게 구하여야 할지라 겔 36:37

하나님은 우리가 그분께 인격적인 요청을 하기 원하신다. 우리가 인격적으로 나아오길 원하시는 것이다.

이때 기억해야 할 것이 하나 있다. 하나님은 인격적이시므로 하나님을 환영하는 데서 일하신다는 사실이다. '하나님은 나에게는 관심 없으셔' 하는 삐친 마음으로 그분을 대해서는 안 된다.

우리 가운데는 하나님께는 물론이고 사람들에게도 늘 삐쳐 있는 사람들이 있다. 이렇게 삐쳐 있는 이유는 상처에 얽매여 있기 때문이다. 상처를 묵상하는 것은 불행으로 가는 고속도로를 타는 것과 같다. 상처는 나의 에너지를 다 빼앗고 무엇을 해야 할지 모르게 만든다. 우리는 삐쳐 있을 때 내 안에 상처가 있는 줄 깨닫고 주님께 나아가 도와달라고 기도해야 한다. 내 힘으로는 안 되지만 성령의 능력으로는 가능하다. 그러면 하나님께서 상처로부터 자유로워질 수 있는 마음을 주신다. 그렇지 않고 과거의 어두운 그늘이 나를 점령하게 되면 계속 삐쳐 있게 된다. 게다가 삐침은 주변 사람들에게 전염되는 특징이 있다. 우리가 퍼뜨려야 할 것은 '그리스도의 사랑'이지 삐침이 아니다.

내가 있는 곳에서 하나님을 전심으로 환영해보라. 내가 아는 한 분은 이렇게 기도하셨다.

"하나님, 사람들이 주님께 순종하지 않아 너무 속상하시죠. 우리 집에 오셔서 기분 좀 푸세요. 제가 순종하겠습니다."

얼마나 사랑스러운 기도인가. 필립 얀시가 한국의 한 집회에서 이렇게 말했다.

"미국 교회는 하나님이랑 갈등 중인 것 같습니다. 유럽 교회는 확실히 이혼을 했고요. 한국이나 아시아의 교회들은 지금 열애중이고요."

그러곤 이어서 이런 말을 했다.

"하나님은 자신을 환영하는 곳에서 기적을 일으키십니다."

하나님이 유럽에서는 힘을 발휘하지 못하시는 것이 아니다. 그곳에서 그분을 환영하지 않으니까 아무 일도 없는 것이다. 간절함으로 구하는 곳에 하나님은 임하신다.

나를 사랑하는 자들이 나의 사랑을 입으며 나를 간절히 찾는 자가 나를 만날 것이니라 잠 8:17

이런 하나님의 성품을 이해하는 일이 필요하다.

만날 하나님께 삐친 상태로는 하나님을 경험할 수 없다. 신혼여행 때 서운했던 이야기를 평생 말하는 사람들이 있다. 이런 분들이 대부분 이혼 상담을 한다. 축복을 발견하지 못하기 때문이다.

중년 한국인들은 부모님으로부터 인격적 대우를 못 받아봐서 어려움이 참 많다.

'우리 아버지가 나를 인격적으로 대해줬더라면…'

하나님께서 우리를 인격적이고 존귀한 존재로 지으셨음을 우리의 고통이 증언하고 있다. 고통은 진실한 소원을 일깨운다. 그런데 고통 자체가 어려워서 우리는 고통이 일으키는 진정한 영혼의 소리를 듣지 못할 때가 많다. 미움을 받아 괴로울 때 우리의 영혼은 평화를 바라기에 괴로워하는 것이다. 몸이 아프면 당연히 건강을 갈망한다. 괴로워하는 그곳에서 마음의 소원이 드러난다. 어려움 자체가 없어지기를 바라는 마음에 머물지 말고 마음의 소리를 알아들어야 한다.

오히려 어려움을 넘어서서 환영하는 마음을 일으켜보라. 회사에서 직원들은 사장이 자신을 인격적으로 대우하는지 부품으로 대우하는지 안다. 그런데 사장이 자신을 부품처럼 대한다고 해도 이렇게 생각하는 사람이 있다면 어떠할까?

'나는 하나님의 부품이니 하나님을 위해서 일할 거야. 다른 사람이 나를 어떻게 대하든 나는 하나님의 도구가 될 거야.'

이렇게 선포하면 하나님께서 그의 보장이 되어주실 것이다. 환영하는 마음이 일으키는 생각은 희망이다. 주어지는 일을 거부하지 말고, 모든 것을 감사로 받으라. 상처와 아픔에도 당신을 깎아 만드시는 주님이 계심을 굳게 믿으라.

끊임없이 묻고 듣기를
연습하라

기본기를 탄탄히

신학교 시절 가끔 교수님들을 대신하여 조교들이 수업을 하는 경우가 있었다. 당신에게 선택권이 주어진다면 학위를 마친 조교의 개론 수업과 은퇴를 앞둔 교수님의 개론 수업 중 어느 쪽을 택하겠는가? 아무래도 그 분야에서 더 오랜 시간 연구하고 가르친 분의 수업을 택할 것이다.

영성훈련을 할 때도 대가(大家)를 만나는 것이 중요하다. 대가를 만나면 막힌 곳이 확 뚫리는 시원함을 느낄 수 있다. 할 수 있다면 찾아가 만나고, 안 되면 책으로라도 만나야 한다. 얼핏 제목만 듣고는 새로울 것이 없을 수 있다. 말씀을 알아가는 것, 기도하는 것, 주님 앞에서 자신을 살피는 것에 대한 이야기를 들으면 다 아는 내용이라고 생각할 수 있다. 하지만 깊이를 느끼기 시작하면 달라진다. 겉만 보고 끝나는 배움은 매우 위험하다. 그 안에서 세월이 만든 인격과 만나야 한다.

신앙생활은 하나님과 대화하는 관계로 이루어진다. 그 대화를 이어가려면 신앙의 기본, 곧 말씀과 기도가 우리 삶에 뿌리 내리고 있어야 한다. 사람의 생명은 세끼 밥을 먹고 계속해서 숨을 쉬는 단순 반복으로 유지된다. 밥 잘 먹고 숨 잘 쉬면 몸이 건강하다. 이와 같이 영적 생명은 '말씀'과 '기도'라는 기본을 단순 반복하면 건강하다. 그리고 이러한 기본기가 탄탄할 때 하나님과 친밀한 관계로 들어가 그분과 대화할 수 있다.

이때 음성을 듣겠다는 의지도 중요하고, 음성을 듣고 실행하는 것도 중요하지만 가장 중요한 것은 하나님의 음성이 무엇이며, 그것은 도대체 어떤 현상인지를 아는 것이다. 그리고 음성을 어떻게 듣는지, 왜 음성을 듣는지, 들은 음성을 어떻게 분별할 것인지에 대한 이해가 필요하다.

먼저 내가 되라

가장 먼저 '음성은 어떤 현상으로 존재하는가'에 대해 생각해보자. 물리적인 세계는 실험하여 설명할 수 있다. 그러나 하나님께서 우리에게 인격적으로 건네시는 음성은 과학적 실험을 진행하는 방식으로 파악할 수 없다. 다만 지식을 발견하는 방법인 귀납적 관찰을 통해서 우리는 그 현상을 이해하고 파악할 수 있다. 따라서 하나님의 음성이 어떤 현상으로 존재하는지 알기 위해 먼저 자기 자신을 정직하게 살펴야 한다. 그래서 영성훈련은 한꺼번에 다수가 아닌 한 명에게 초점을 맞추어 행하는 것이다. 이것이 하나님의 디자인이다.

그런데 현대에 와서 교회가 이상한 일을 하기 시작했다. 영혼을 일반화하기 시작한 것이다. 미국의 유명한 한 교회에서는 그 교회 성도를 '오렌지카운티 쪽에 있는 중산층, 학문적 지식에 기반이 있고 성경공부에 의욕이 있는 사람, 자기 직업 영역에서 무언가를 이루고 있어서 의욕적으로 바라보는 어떤 것이 있는 사람'이라고 규정했다. 물론 이러한 것이 그 교회의 방향을 이해하는 데는 도움이 된다. 하지만 사람의 영혼을 일반화를 통해 다룰 수 있다는 생각을 할 위험성이 있다.

한번은 한국의 한 교회에서 주최하는 교역자 훈련에 초대되었다. 그 교회는 교역자만 천 명이 넘었는데 그곳에서 신기한 현상을 목격했다. 수많은 교역자들의 목소리와 억양이 그 교회 담임목사님과 너무 비슷한 것이다. 비슷한 목소리를 낸다고 해서 그 영성을 닮을 수는 없다.

성경은 우리에게 바울이 되거나 다윗이 되라고 하지 않는다. 그들에게 배우라고 하지 따라 하라고 하지 않는다. 나는 나 자신이 되어야만 한다. 그래서 유일한 창조의 영광을 드러내야 한다. 하나님은 내가 홍기영이 되기를 원하신다. 하나님이 이루시는 모든 역사와 구속사의 경륜들이 조합되어, 유사(有史) 이래 단 하나뿐인 존재로 내가 있는 것이다. 그런 나와 하나님이 만남으로 이루어는 사건이 영성훈련이다. 그러니 지금 당신 자신을 향해 외치라.

"나는 절대로 따라하지 않겠다."

신앙의 롤 모델을 정하고 배워가는 것은 좋다. 오히려 롤 모델 없이 자기 나름대로 하는 사람처럼 위험한 사람이 없다. 그런 사람들은 다른 사람을 정죄하는 실력만 는다.

"모방은 창조의 어머니"라는 말처럼 우리는 어떠한 것을 본받으며 배운다. 이런 노력이 중요하지 않다는 말이 아니다. 여기서 말하고자 하는 것은 '하나님이 만드신 유일한 나'로 살아가라고 하시는 주님의 말씀이 앞서 가야 한다는 사실이다. '하나밖에 없는 나'라는 이해가 기반이 되어야 소위 하나님의 음성이란 현상을 성경적으로 이해할 수 있다.

예수님만 목자이시다

음성을 듣는다는 것은 관계에서 파생되는 사건이다. 인격과 인격이 만나서 대화가 이루어진다. 그렇기에 음성 자체보다는 그 음성을 울려내는 근원인 인격을 살펴야 한다. 우리 영혼을 구원으로 이끄시는 목자는 주님 한 분이시다.

도둑이 오는 것은 도둑질하고 죽이고 멸망시키려는 것뿐이요 내가 온 것은 양으로 생명을 얻게 하고 더 풍성히 얻게 하려는 것이라

요 10:10

이 말씀에는 '도둑'과 '나', 두 명의 인물이 나온다. '여기서 '나'는 선한 목자이신 예수님이다. 그렇다면 도둑은 누구일까? 예수님은 이 말씀을 하시기 전에 "나보다 먼저 온 자는 다 절도요 강도"(요 10:8)라고 말씀하셨다. 예수님 말고는 다 도둑이다. 오직 예수님만 목자시다. 목자에게로 인도해주는 역할을 하는 이들이 목회자다. 그렇다고 목회자가 강도는 아니다. 하지만 분명히 그들도 성경이 말하는 '내 영혼의 목자'는 아니다.

목회를 할 때 근원과 통로를 혼동하는 경우가 많다. 하나님께서 목회자를 사용하시어 성도의 문제를 도우실 때 성도와 목회자 사이에 은혜가 흘러가는 탯줄이 생긴다. 목회자라는 통로로부터 무언가가 그에게 흘러가는 것이다. 그런데 정말 위험한 것은 그 탯줄이 생명의 근원에 닿아 있을 때만 안전하다는 사실을 잊어버리는 것이다. 탯줄은 아이가 자라나도록 영양분을 공급하는 통로이다. 엄마가 공급해주지 않아도 아이가 호흡하고 살아가게 하는 순간이 출산이다. 출산이 된 다음에는 탯줄을 끊어야 한다. 안 끊으면 아이가 죽고 엄마도 위태해진다.

"예수님 말고는 다 강도다."

이것을 마음에 새겨야 한다. 아무리 사랑하는 부모님이어도 내가 주님의 뜻대로 살아가는 길을 막아설 수 없다. 나와 하나님 사이에는 오직 주님밖에 없다. 나의 죄를 알고도 죽으실 수 있는 분은 그분밖에 없다. 나의 연약함을 품어 변화시킬 수 있는 분도 그분뿐이다. 다른 사람은 그럴 능력이 없다. 성경은 그 중간에 서는 것을 파괴해야 할 우상이라고 가르친다.

아버지나 어머니를 나보다 더 사랑하는 자는 내게 합당하지 아니하고 아들이나 딸을 나보다 더 사랑하는 자도 내게 합당하지 아니하며

마 10:37

문지기는 문만 연다

하나님의 음성을 들을 때 주의해야 할 것을 좀 더 구체적으로 생각해보자.

문지기는 그를 위하여 문을 열고 양은 그의 음성을 듣나니 그가 자기 양의 이름을 각각 불러 인도하여 내느니라 자기 양을 다 내놓은 후에 앞서 가면 양들이 그의 음성을 아는 고로 따라오되 타인의 음성은 알지 못하는 고로 타인을 따르지 아니하고 도리어 도망하느니라

요 10:3-5

이 말씀에서 문지기가 등장한다. 문지기는 목자가 왔으니 이제 그를 만나러 가라고 문을 열어주는 사람인데, 이것이 목회자의 역할이다. 문지기가 문을 열어주었으면 목자를 따라가는 일은 당신의 몫이다. 목회자가 그것까지 하려고 하면 탈진한다.

목회자가 아무리 성도들에게 기도하라고 해도 모든 성도가 기도하지는 않는다. 은혜 받으라고 해도 안 받으려는 사람은 못 받는다. 주님을 만나야 기도도 할 수 있고 은혜도 받을 수 있다. 목회자 혼자 모든 일을 다 감당하려다가 지쳐버리는 것을 많이 봤다. 많은 경우 바쁜 목회자 아빠 때문에 자녀들이 피해자가 된다.

친구 목사에게 들은 이야기다. 아이의 생일 아침, 그를 위해 기도해주기로 했는데, 새벽기도를 마치고 성도의 심방 요청 전화를 받았다. 목사인 아빠는 당연히 가족을 등지고 심방을 갔다. 그런데 돌아왔더니 아내와 아이들이 피켓을 만들어 들고 서 있었다.

"우리도 교인이다."

성도가 문지기에게 집중하면 결국 문지기도 지치고 망가진다.

내가 목사가 되어 목회를 하면서 아버지의 목회가 정말 커 보였던 적이 있다. 어렸을 때 집 전화가 울렸다. 옆에서 들으니 아버지한테 심방 와달라는 요청이었다. 아버지가 이북사투리로 물으신다.

"무슨 일인데 그러네?"

잠시 상대방이 하는 말을 들으시던 아버지가 말씀하셨다.

"뭐, 그깟 일로 목사를 부르고 그러네. 혼자 기도하고 끝내라마."

문지기의 역할에 선을 긋는 일이 필요하다. 성도가 오직 주님만을 의지하게 해야 한다. 강하게 길러진 교인들은 아버지가 목회자를 옮기셔도 흔들림없이 교회를 견실히 지킬 수 있었다.

당신의 인생에도 문지기가 문을 여는 순간이 있고, 목자의 음성을 듣고 따라가기 위해 노력했던 순간이 있었을 것이다. 누가 강제로 끌어다놓는 것도 한두 번이지 계속 그렇게 할 수 없다. 끌려 다니는 사람은 자라지 못한다. 그러다가 어느 날 은혜를 경험하고 하나님이 그를 만지기 시작하면 변화된다.

양과 목자가 만나야 신앙생활이 시작된다. 신앙생활이 힘든 것은 목자를 못 만났기 때문이다. 그래서 만날 때까지 기다리는 게 필요하다.

매순간 예배드려라

우리가 신앙생활을 하면서 규칙적으로 예배드리고 모임에 참석하며 봉사하는 일은 귀한 습관이다. 이런 것이 잘 되지 않아 신앙의 기쁨을 배우지 못하는 사람들이 많다. 하지만 자칫 잘못하면 일 자체에 가치를 두기 쉽다. 어떠한 일이나 행사에 빠지지 않고 참석하기만 하면 신앙생활을 잘하고 있다고 착각하는 것이다.

그래서 종교생활과 신앙생활의 차이를 꼭 짚어보아야 한다. 주일에 교회 와서 예배드리는 것을 세상 사람들이 보면 "종교생활 한다"라고 표현한다.

"너 종교가 뭐야?"

"기독교. 일요일에는 교회 가."

이런 식의 종교생활은 우리만 하는 게 아니라 절에 다니는 사람도 하고, 무당을 찾아가는 사람도 한다. 그런데 종교생활과 기독교의 신앙생활에는 결정적인 차이가 있다. 종교생활은 종교활동의 시간과 공간이 구분되어 있다. 예배드리는 시간이 있고, 예불하는 시간이 있다. 기독교를 다른 종교와 동일하게 이야기한다고 기분 상해할 수도 있는데 종교적 현상으로 보면 그렇다는 말이다. 사람들은 그 종교 행위를 마치고 세속으로 돌아온다.

종교에 있어서 중요한 구성 요소가 종교인이다. 목사나 스님이나 신부나 모두 종교인이다. 스님이나 신부들은 대개 결혼을 하지 않으므로 종교적으로 어떠한 차이를 둔다. 반면에 목사는 종교생활로 딱 구분해 놓은 사람이 아니다. 결혼을 하고 자식도 키우며 일상적인 생활을 한다. 목사나 교인이나 별 다를 게 없다. 목사와 교인들의 삶이 비슷하고, 주일과 평일이 비슷하다. 이것이 기독교 신앙생활이 보여주는 중요한 상징이다. 주일과 평일이 구분되는 것이 아니라 주일이 평일로 흘러들어온다. 사실 예배 장소와 일터가 구분되어 있는 것이 편하다. 교회 올 때는 교회 모드로, 세상에서는 세상 모드로 바뀌어도 아무 문제없는 것이 편하다.

하지만 그것이 기독교의 본질은 아니다. 안식일이 나머지 날을 침투하여 점령해 나가는 것이 신앙생활이다. 주님을 만난 그 거룩한 마음을 일상으로 가져와 거룩하게 일하는 것, 그것이 종교개혁의 정신이다. 일터에서 하나님을 예배하느냐고 물으면 직원들을 모아 함께 예배한다는 분들이 계신다. 내가 지켜본 결과 그런 회사는 대개 망한다. 회사에서 일을 해야지 왜 예배를 드리는가? 예배도 하나같이 성의가 없다. 교회에서 드리는 주일예배처럼 전심으로 준비하는 곳이 드물다. 담당 교역자가 있는 것도 아니고 직원들의 에너지가 거기까지 미치기 쉽지 않다. 그런데도 매일 예배드린다고 하면서 허술하게 교회 흉내를 내면 이것도 저것도 아니게 된다.

크리스천은 매순간 삶에서 예배드려야 한다. 학생은 공부로, 직장인은 일로 예배드릴 수 있다. 하나님은 일상에서 세상의 길이 아닌 주님의 길을 걸어가는 것을 영광으로 여기신다. 예를 들면 돈이 되는 일이어도 하나님의 방법이 아니면 하지 않는 것, 이런 삶을 통해 하나님을 예배하는 것이다.

더 풍성하게

삶에서 하나님을 예배하기 위해서는 먼저 풍성한 생명의 주인공이 되어야 한다.

풍성한 생명은 어떻게 얻는가? 문지기가 문을 열면 양은 목자에게로 간다. 그런데 그 목자가 양의 이름을 부르며 나와 있다. 영성훈련은 이 부름으로 시작된다. 내가 하려고 해서 되는 것이 아니다.

'주님이 내 마음의 필요를 그분의 음성으로 일깨워주셨구나. 내

가 배워야지.'

이것이 건강한 반응이다.

"저는 배움이 필요합니다. 그러니 목사님의 지식을 나눠주셨으면 좋겠습니다."

이것은 위험한 반응이다. 그런데 더 위험한 것은 목사들의 대답이다.

"제가 지식을 가지고 있으니 여러분에게 잘 나눠드리겠습니다."

세상에서는 학교도 교육 서비스로 이해한다. 돈 내고 서비스를 받는 것이다. 그러나 교회는 아니다. "내게는 지식의 힘이 있으니 여러분은 앉아서 들으시오" 하는 것은 폭력적이다. 기독교 교육은 지식정보를 사고파는 것이 아니라 함께 예수 안에 있는 생명을 발견해가고, 배워가는 것이다. 헨리 나우웬은 이를 "구속적(Redemptive)"인 배움이라고 표현했다.

"주님이 제게 이런 걸 보여주셨습니다. 들으시니 어떠십니까?"

"귀한 깨달음이군요. 제게도 그 부분이 새롭게 다가옵니다."

자신을 배움의 자리에 두고 상대를 선생으로 받아들이며, 진실한 나눔으로 지식을 공유하려는 만남이 교육을 구속적으로 경험하게 한다. 배움의 영(靈)이신 성령의 인도를 받는 길이 여기 있다.

그리스도의 몸인 교회의 만남을 통해 이 생명을 발견한 나눔을 해야 한다. 함께하는 생명의 기쁨 속에서 우리는 자라난다.

양은 세상으로부터 도망가야 한다

문지기가 문을 열고 목자가 양의 이름을 부르면 양은 목자를 따라간다. 양은 대비되는 두 가지 행동을 보이는데, 목자의 음성은 알고 있기 때문에 따라가고, 타인의 음성은 알지 못하기 때문에 도망한다. 아침에 일어났는데 말씀 묵상을 해야겠다는 마음이 들었다면 그것은 목자의 음성이다. 그런데 그때 오늘 신문이 눈앞에 보인다. 신문을 읽고 싶은 마음이 드는 순간, 우리는 신문으로부터 도망해야 한다. 또한 기도하고자 하는 마음이 일어난 순간, 갑자기 뉴스에서 태풍 소식이 들려온다. 그때 우리가 해야 할 일은 TV를 끄는 것이다. 이렇게 이야기하면 갑자기 근심스런 생각을 하는 사람들이 있다.

'예수님을 믿으면 신문도 보지 말고, TV도 보지 말아야 하는 건가?'

그런 말이 아니다. 주님과 함께하라는 것이다. 더 분명히 말하면 주인이신 그분의 뜻을 따르는 것이 핵심이다. 고요히 계시는 주님께서 무엇을 원하시는지 살펴보아야 한다. 어떤 분들은 신문을 교정자처럼 집요하게 읽는다. 읽고 나면 별것 아닌 것을 본인도 알면서 많은 시간을 소비한다. 인터넷에 빠지는 분들도 마찬가지다. 이메일도 다 볼 게 아니다. 혹시나 열어보면 역시나 별 내용이 없는 경우가 허다하다. 잔뜩 시간만 도둑맞게 된다.

그렇게 하면 시간이 죽는 것뿐 아니라 당신의 생명도 죽는다. 결국 말씀 묵상에 써야 할 에너지가 남지 않기 때문이다.

따라서 멈춤이 필요하다. 이것저것 다 하면서 하나님의 말씀을 묵상할 수 있는 사람은 없다. 우리의 에너지는 한계가 있다. 그러니 도망할 줄 알아야 한다. 그것이 종교생활에서 벗어나 신앙생활로 들어가는 데 있어서 매우 중요하다.

그리고 집중해야 한다. 목자의 음성이 들리면 귀를 기울이고 무슨 말씀을 하시는지 들어야 한다. 흐트러지면 안 된다. 수도원의 커피 잔은 손잡이가 둘이라고 한다. 커피 마시는 일에만 전념하기 위해서다. 우리는 성경을 읽다가도 몇 절 읽으면 생각이 딴 데 가 있기 십상이다. 생각을 일관되게 진행하는 실력이 없기 때문이다. 그 실력을 키워야 묵상도 깊이 할 수 있다. 하나의 일에만 집중하는 것을 훈련하라. 집중이 실력이다.

24시간 주님과 대화하는 방법

앞서 한 가지에 집중하라고 했지만, 하나님의 음성을 듣는 데 있어서 만큼은 다중모드(dual mode, 이중 모드)가 필요하다. 즉, 사람과 대화하면서도 하나님과 대화할 수 있어야 한다. 누군가와 동행하면 그 사람의 목소리를 들을 수 있는 것처럼 우리는 주님과 동행하며 주님께 귀를 기울여야 한다. 사도 바울은 이 태도에 대해 "쉬지 말고 기도하라"(살전 5:17)라고 말하고 있다. 이는 기도할 때 말을 끊지 말고 주기도문 외우듯이 줄줄 하라는 말이 아니다. 계속 그분과 연결되어 있으라는 뜻이다. 이것을 잘하기 위해 24시간 주님을 바라보는 훈련을 하는 것이다.

참 좋으신 분과 동행하고 있음이 선명해져야 하나님의 음성을 듣는 데 있어서 혼돈이 없다. 아름다우신 예수님을 생략하고 그분의 뜻만을 찾는 것은 참 아쉬운 일이다. 주님을 중심에 두고 주님을 바라보는 도구들을 다루어야 한다.

근대 영성가라고 불리는 프랭크 루박은 〈구주와 함께 나 죽었으니〉(새찬송가 407장) 찬양을 부르며 주님만 바라보는 훈련을 했다고 한다.

언제나 주는 날 사랑하사
언제나 새 생명 주시나니
영광의 기약에 이르도록
언제나 주만 바라봅니다.

예수님은 우리가 바라볼 수밖에 없는 아름다운 분이다. 사람은 아름다운 것을 보면 반드시 고개를 돌려 보고, 멈춰 서 보고 또 본다. 창조의 근원이시며 영광의 임재가 충만하신 그분은 우리가 날마다 바라볼 수밖에 없는 아름다움 그 자체이시다.

하나님의 말씀을 들을 때 중요한 것은 자세, 즉 태도다. 이 말씀이 내 삶의 어떤 부분을 향해 말씀하시는지, 그것을 이루어가기 위해 어떻게 해야 하는지, 내 마음에 일어나는 모든 생각을 감사함으로 받으며, 그것들을 말씀에 비추어보는 것이 필요하다.

하나님께서 우리를 인격적으로 대해주시는 것처럼 우리도 그분께 인격적으로 반응해야 한다. 어떤 사람은 다른 이에게 신령한 척하며 "지금 성령님께서 저에게 당신에 대해 말씀하셨습니다"라고 상대방은 알아들을 수 없는 말을 한다. 그러나 이런 방법은 상당히 조심해야 한다. 내게 말씀하시는 것을 잘 듣고, 상대방이 알아들을 수 있게 말할 수 있는 지혜를 구하는 것이 더 현명하다. 방언을 할 때도 듣는 사람이 어떻게 받아들이는지에 대해 생각하라고 성경은 말한다. 나는 유창하게 방언하는데 듣는 사람이 시험에 든다면 그것은 성경이 말하는 바가 아니다.

'저 사람은 왜 이상한 말을 하지?'

'이런 신령한 것도 깨닫지 못하는 사람이군.'

이런 식으로 나가면 곤란하다. 그 사람이 깨닫지 못하는 게 당연하다. 방언도 때와 장소를 봐가면서 주님께 물어봐야 한다. 방언도 내 나름대로 하니까 문제가 생긴다. 모든 순간에 하나님께 물어보는 태도가 필요하다.

생각을 남기시는 하나님

글은 저자를 만나지 않아도 내가 읽고 해석할 수 있다. 또 빨리 읽을 수도 있고 천천히 읽을 수도 있고 어느 부분은 읽지 않을 수도 있다. 그러나 음성은 그렇지 않다. 그분이 말씀하시는 대로 들어야한다. 내 마음대로 빨리 듣거나 천천히 듣거나 건너 뛸 수 없다. 아내와 대화하다가 가끔 내가 이렇게 말하는 경우가 있다.

"결론만 얘기해요."

그러면 아내가 말한다.

"그렇게 하고 싶지 않아요. 결론만 말하면 이야기한 것 같지 않아요."

말씀하시는 하나님을 존중해야 하며, 듣는 나는 겸손하게 귀를 기울여야 한다.

내가 음성을 들으면 내 마음에 그분이 말씀하신 흔적이 남는다. 여기에 하나님의 음성 현상을 설명할 수 있는 핵심이 있다. 하나님의 음성은 우리에게 '생각의 현상'으로 경험된다. 천사의 음성은 하나님의 음성일까? 천사가 하나님의 말씀을 전했으면 하나님의 음성이다. 내게는 하나님이 천사를 통하여 전달한 말의 결과가 생각의 형태로 남아 있다. 환상을 보고 꿈을 꿀 때도 그 환상과 꿈이 전하는 하나님의 뜻이 우리 생각에 남는다.

그런데 꿈만이 계시가 아니다. 만일 그렇다면 우리는 침대에서 일어나지 말아야 한다. 우리는 말하고 듣고 활동하는 일상을 산다. 하나님은 이때도 말씀하신다. 우리의 일생생활에서 환상이 보이고, 귀로 들리는 음성이 울리면 삶은 큰 혼란에 빠진다. 설혹 환상을 보고 있어도 하나님은 세미한 음성으로 말씀하신다. 이를 내적 음성

(inner voice)이라고도 한다. 세미한 음성은 양심의 소리와도 같은데 생각이란 현상으로 우리에게 나타난다. 달라스 윌라드의 표현에 따르면 이는 "나로 말미암지 않은 생각"이다. 우리는 우리의 생각이 독립적으로 진행되지 않도록 창조되었음을 기억해야 한다.

그런데 욕심이 마음을 점령해버리면 우리는 주님의 생각을 거절하고 죄를 짓게 된다. 욕심이 일으키는 생각이 내 생각을 점령한 것이다. 사탄도 인격적인 존재여서 내게 말을 건네 온다. 눈치 챌 수 있도록 큰소리로 외치는 것이 아니라 내 생각인 것처럼 포장하고 위장해 살며시 들어온다. 하나님의 거룩한 빛이 비추면 거짓은 드러난다. 거짓말이 효과를 이루고 나면 그 정체가 드러나는 것처럼, 사탄의 음성도 죄를 짓고 나면 드러난다.

하나님의 세미한 음성은 우리 안에 계신 예수님의 음성이다. 그래서 낯설지 않다. 하지만 내 생각의 결과로 생긴 게 아니라 주어지는 것이다. 믿음이 주님으로부터 주어지는 것처럼 하나님은 우리의 생각을 일으켜 우리에게 말씀하신다.

내적 음성에 대한 부분을 따로 설명하겠지만, 결론적으로 세미한 음성을 교회가 중시하는 이유는 인격에 스며들어 내 생각으로 남기 때문이다. 세미한 음성에 대한 이해가 기독교 계시의 중요한 지식이다. 즉, 음성이란 나로 말미암지 않고 하나님께로부터 주어져서 내게 일으켜진 생각이다. 여기서 주의해야 할 것이 있다.

"내 생각이 주의 음성이야."

이는 굉장히 위험한 말이다. 분별이 필요하다. 내 영혼과 생각을 울려서 말씀하시는 그분의 말을 알아들을 수 있어야 한다. 그렇지 않으면 큰 혼란이 일어난다. 분별하는 훈련이 되지 않은 사람들이 꼭 하나님의 음성에 대한 외적 사인(sign)을 구한다. 물론 사인을 구하고 믿음으로 나아가도록 격려하는 부분이 있다.

기드온이 양털 실험을 했다. 그러나 그것은 하나님을 못 믿어서가 아니라 자기가 안 믿어져서 한 것이다. 믿어지지 않는데 믿어진다고 거짓말하는 것은 곤란하다. 기드온은 믿어지지 않으므로 믿을 수 있게 도와달라고 요청한 것이다. 그러면 하나님이 도와주신다. 그런데 요청해서 도와주신 것을 원칙처럼 생각하면 안 된다. 하나님과의 관계는 유일한 시간 속에서 나와 하나님의 인격이 일대일로 만나는 가운데 진행된다. 하나님을 신뢰함으로 믿고 따르는 순종이 있어야 분별도 제대로 된다.

신뢰가 우선이다

분별보다 앞서야 하는 것이 바로 하나님을 향한 '신뢰'이다. 맹신과 신뢰는 다르다. 하늘의 계시를 받았다고 하면서 악을 행하는 사람들이 있다. 이런 일이 일어나는 이유는 참된 순종과 신뢰 안으로 들어가지 않아서다. 순종에도 훈련이 필요하다. 아침에 묵상을 하면서 '요즘 재정이 어려운 아무개 집사님에게 5만 원이라도 흘려보내야지' 하는 마음이 들면 주면 된다.

내가 주님 앞에서 기다렸다가 드는 생각은 주님이 주신 거라고 믿어야 한다. 만약 아니라면 주님이 다른 생각을 주실 것이다. 열린 마음이 필요하지만 중심이 잡혀야 교정이 된다. 내게 주신 말씀에 중심을 잡고 주님을 신뢰하고 가면 된다. 의심하고 주저하면 다시 내가 생활의 주인이 되기 쉽다. 5만 원이 아까워서 그럴 수도 있고, 5만 원이 얼마나 큰 도움이 될까 하는 생각이 나를 움직이지 못하게 하기도 한다. 그것을 넘어서서 순종해야 한다. 그래야 주님과의 선명한 관계를 훈련할 수 있다.

또한 재정을 흘려보낼 때 제발 이런 말은 하지 말아야 한다.

"내가 기도하다가 주님의 음성을 들었는데 당신에게 5만 원을 주라고 하셨어요."

받는 사람의 입장에서는 자신에게는 왜 그런 말씀을 하지 않으셨을까 하고 힘들어진다. 그것은 상대를 배려하는 행위가 아니다. 사랑으로 주라고 하셨으면 그 행위 자체가 사랑이 되어야 한다. 제발 신령한 척 말하지 말자. 말도 주님의 인도하심을 받아야 한다. 사랑은 대상의 유익을 구하는 행동이다. 내가 무엇을 한다고 티를 내는 것은 주님을 따르는 자가 할 바가 아니다.

내가 말하는 것이 나와 그의 대화에서 어떤 것이 되는지를 알아야 하나님의 음성을 분별할 줄 알게 된다. 그 감각과 근육을 키워내는 것이 성장에 있어서 매우 중요하다. 이때 중요한 것이 신뢰다. 내가 틀려도 하나님께서 고쳐주실 것을 믿으며 모든 일에 합력해서

선을 이루신다는 사실을 믿어야 한다.

내가 받은 계시의 정확성을 추구하다 보면 내가 중심에 선다. 내 안에 살아계신 예수 그리스도의 인격에 이끌려야 한다. 자기가 받은 계시만을 고집해서도 안 된다. 계속 주님께 귀를 기울여야 한다. 나로 말미암지 않은 생각, 하나님이 주시는 생각을 들으려고 마음의 귀를 열고 노력해야 한다. 돈을 가지고 그 사람의 집 앞까지 갔는데 하나님께서 이렇게 말씀하실 수도 있다.

'네가 여기까지 온 것으로 순종한 줄 알겠다. 그런데 오늘 네가 이 가정에 돈을 흘려보내는 게 오히려 좋지 않겠구나.'

아침에 기도할 때는 그에게 5만 원이 필요했는데, 그 사이 상황이 바뀌어 그 돈이 오히려 그에게 해가 될 것 같으면 주님이 말리실 수 있다. 또는 나를 훈련시키기 위해 그러실 수도 있다. 이렇듯 신앙생활이란 열린 마음으로 늘 주님께 귀를 기울이며 그분과 동행하는 것이다.

이스라엘 민족은 기적을 보면서도 주님께 순종하지 못했다. 그래서 모세는 보는 눈과 듣는 귀와 깨닫는 마음이 그들에게 없다고 탄식했다. 세미한 음성으로 내게 일으키시는 생각을 다시 고요히 주님께 말씀드리며 주님과 함께 살아야 한다. 주님의 음성이 생각의 형태로 주어지는 것을 염두에 두고 내 마음을 다루어야 한다.

인디언 추장이 손주와 이런 대화를 했다.

"우리의 마음에는 착한 늑대와 악한 늑대가 늘 싸우고 있단다."

"둘 중 누가 이겨요?"

"그야 먹이를 많이 주는 늑대가 이기지."

음성에 반응하는 것은 우리 마음에 양식을 주는 것과 같다. 하나님으로 말미암은 세미한 음성이 일깨우는 생각으로 우리 마음을 채우는 것이 바로 묵상이다. 성경을 읽으면 생각이 일어난다. 기도는 이 일으켜진 생각들을 머리에서 마음으로 가져오며 내 인격 속에 스며들게 하는 대화이다. 모르는 것을 묻고 기다리는 과정에서 일어난 생각으로 또 대화하며 하나님 앞에서 내 마음을 꺼내 놓고 교제하는 것이다.

친밀함은 한순간의 느낌이 아니다. 하나님과의 지속적인 관계를 이어가는 관계의 정서이다. 대화로 익숙해가며, 깊어지는 사랑의 감정이다. 하나님의 음성을 이해하고 동행하며 우리는 그분과 더 가까이 다가선다.

마음으로
말씀을 읽기

열린 만큼 친밀해진다

우리가 태어날 때 아버지 어머니를 선택할 수 없는 것처럼 하나님과의 관계도 마찬가지이다. 내가 하나님을 선택한 것이 아니라 하나님께서 나를 선택하셨다. 하나님과의 관계는 내가 애를 써서 이루는 것이 아니라 하나님께서 주시는 선물이다. 나는 이를 이해하는 것을 '열림'이라는 말로 표현하고 싶다. 내가 마음을 기울여 노력할 필요가 없다는 의미가 아니다. 이 모든 것을 가능하게 하시고 시작하게 하시는 하나님을 의식하라는 말이다.

'아하, 내가 한 것이 아니라 하나님이 주신 것이구나! 사랑으로 선물하신 것이구나!'

내가 믿는 것 같지만 실은 주님께서 그 믿음을 주신 것이다. 이 보이지 않는 주님의 역사를 깨닫는 이해가 열려야 하나님과의 관계에서 친밀함을 누리게 된다. 그리고 이 이해가 열려지는 만큼 친밀함도 깊어진다.

이 열림에는 단계가 있다. 교회에 처음 나온 사람을 상정하고 생각해보자. 첫 번째 단계는 '하나님의 임재에 대한 맹목적 믿음'이다. 모르지만 알기 위해서 '그냥 믿는' 단계이다. 이렇게 말하면 수준이 낮은 단계라고 생각할 수 있지만, 생략할 수는 없는 중요한 기반이다.

"예수님이 당신을 구원하셨습니다."

"아멘."

단순하지만 이 고백이 있어야 그리스도인의 삶이 시작된다. 처음부터 예수님이 달리신 십자가의 의미를 명확히 알고 시작하는 것이 아니다. 일단 고백으로 시작한다. 이 단계에서는 추상적인 논리로 하나님을 이해하게 된다.

신앙이 좀 자라게 되면 두 번째 단계로 넘어간다. 예배 중에 하나님이 느껴지고, 그분의 임재가 감지되기 시작하는 것이다.

'아하, 주님이 이 예배 가운데 오셨구나.'

이런 것을 대부분 '은혜 받았다'고 한다. 지금 당신 안에 은혜가 임하는 것을 느낀다면 감사하라. 하지만 못 느껴도 괜찮다. 느껴지면 감사하지만 안 느껴진다고 해서 느끼려고 노력하지 마라. 주셔야 느끼게 된다. 그분을 믿고 기다리면 인도해주신다.

그런데 이것이 마음의 감각만 가지고 되는 게 아니다. 하나님을 대면하는 자리, 하나님과 인격적으로 만나는 자리에 이르러야 한다. 그곳에서 우리는 우리의 죄를 깨닫고 고백하게 되며, 우리를 품어주시고 사랑해주시는 하나님의 은혜를 얻게 된다.

우리가 임재를 느끼는 중요한 증거 중에 하나가 감사와 기쁨이다.

감사함으로 그의 문에 들어가며 찬송함으로 그의 궁정에 들어가서 그에게 감사하며 그의 이름을 송축할지어다 시 100:4

하나님은 기쁨으로 충만하신 분이기 때문에 그분을 만나면 기뻐진다. 내 신앙의 상태를 알고 싶다면 삶에 기쁨이 느껴지는지를 보면 된다. 순교의 순간에도 기뻐하며 죽어가는 것이 그리스도인이다. 어렵고 괴로운 일들이 있지만 결국 내 마음을 움직여 하나님을 만나는 그 순간에는 우리 안에 기쁨이 일어난다. 따라서 감사함으로 문에 들어가고, 찬송함으로 궁정에 들어가 하나님을 만난다. 그렇게 하나님을 만나고 나면 내 안에 있는 것을 모두 꺼내놓을 수 있다.

"주님, 아무개 때문에 제가 얼마나 기분 나빴는지 몰라요. 그 인간을 그냥 놔두실 겁니까?"

"하나님, 어쩌면 저한테 이럴 수 있습니까? 전능하신 하나님께서 이것도 못 막아주시나요?"

이런 기도도 주님은 다 받아주신다. 내 마음에 있는 미움과 원망과 불평을 토하고 나면, 마음에 여유가 생겨서 용서가 일어난다. 용서만 일어나는 것이 아니라 내가 회개할 것도 보인다. 그리고 주님의 은혜 가운데 자유로워지는 기쁨을 경험한다. 주님과 교제하는데 가로막을 것이 없는 기쁨 충만한 은혜의 자리로 인도하신다. 몸이 회복되는 데도 과정이 있듯이 관계가 회복되는 데도 과정이 있다. 은혜를 경험한 후에도 힘든 사람은 여전히 나를 힘들게 한다. 오히려 더 힘들게 하는 것 같다. 그때 주님의 말씀을 들어야 한다.

"너 나를 만났니?"

"네, 만났어요. 그런데 너무 힘이 들어요. 왜 저를 이렇게 괴롭히는지 모르겠어요."

이런 대화는 주님과 그 일을 함께 가져가는 기쁨이 있는 단계에서 이루어진다. 임재가 느껴지는 단계에서도 "내 안에 하나님이 없다" 하는 곤고함이 있을 수 있다. 하지만 멈추지 말고 이 부재의 곤고함을 가지고 주님의 임재를 느끼는 데로 계속 나아가야 한다.

마지막 단계는 나를 통해 하나님이 일하시도록 순종하여 나를 내어드리는 단계다. 하나님이 원하시는 대로 나를 쓰실 수 있도록 나의 인격과 지정의(知情意)를 그분께 드리는 단계다.

두 번째 단계에서 사역할 때 느낌을 따라 한다면, 마지막 단계에서는 하나님이 하라고 하시는 것과 하지 말라고 하는 것을 들으며 하게 된다. 이때 나의 한계를 넘어선 하나님의 명령도 받아들이게 되고, 내가 경험해보지 못한 하나님의 역사를 체험하면서 하나님이 어떻게 일하시는지 이해하게 되는 은혜가 있다.

이때 중요한 부분이 나의 인격을 주님께 지속적으로 순복시켜 주님의 인도하심을 따라 행하는 단계로 들어가는 것이다. 주님과 깊은 관계를 가질수록 하나님과 더 가까워지고, 그분의 사랑이 더 깊게 다가온다. 그때 사랑의 은혜 가운데서 우리는 노래하게 된다.

세상과 나는 간 곳 없고
구속한 주만 보이도다.

하나님은 이런 기쁨을 모든 이에게 주기 원하신다.

인격적인 하나님과의 대화

세상에 제일 무서운 이야기는 남한테 들은 이야기다. 우리는 성경 말씀보다 다른 사람들의 말에 더 집중하는 경우가 많다. 동쪽으로 가다가 화(禍)를 만날 거라는 말을 들으면 동쪽에서 뜨는 해만 봐도 무슨 일이 생기지는 않을까 걱정한다. 사람들의 말만 듣는 귀를 닫고 마음을 다스리며 하나님의 은혜를 따라 움직여야 한다.

어떤 초자연적인 역사보다 더 중요한 것이 하나님과의 인격적인 관계다. 계속 강조하지만 신앙생활은 '인격적인 하나님과 대화하는 관계'다. 그리스도인은 하나님과 늘 대화할 수 있어야 한다. 나는 설교하는 순간에도 하나님께 묻는다.

'하나님, 몇몇 교인들이 졸고 있어요. 어떡하죠?'

'너는 그저 열심히 전하기만 해라.'

반대로 '그 사람을 깨워라' 하실 경우는 깨워야 한다. 관계적으로 진행한다는 것은 앞서 말한 다중모드의 개념과 상통한다. 일반적으로 여러 일을 한꺼번에 하면 하나도 제대로 못하고 완성도도 낮아진다. 하지만 하나님과의 관계를 유지하는 데는 다중모드가 필수적이다. 그리스도인은 하나님과의 모드와 일상의 모드가 함께 진행되어야 한다. 아기를 낳을 때도 "주여" 하고 주님께 부르짖는 영성이 우리 신앙의 선배들이 보여준 모범이다. 어떤 일이든지 하나님과의 연결을 유지하는 것이 쉬지 말고 기도하라는 말씀을 실천하는 방법이다.

대화를 가로막는 것들

하나님과의 관계를 가로막는 몇 가지가 있다. 이 부분에서는 달라스 윌라드의 깨달음에서 많은 영향을 받았다.

첫째는 하나님께서 모든 것을 다 말씀하신다고 생각하는 것이다. 내가 대학생들을 훈련시키던 시절 경험한 일이다. 하나님의 음성을 듣고 살아야 한다고 가르치면 하나님께 이렇게 물어보는 학생들이 있다.

"하나님, 아침에 버스를 탈까요? 지하철을 탈까요?"

주님께 모든 것을 묻고 하면 좋다. 그런데 우리는 그럴 만큼 주님과 친밀하지 못하다. 나의 연약함에 싸여 있기 때문이다. 우리가 하는 모든 일이 하나님에 의해서 주장되는 신령한 일인 것처럼 자기를 포장할 때, 사탄이 승리했다고 선언한다. 그러면서 정작 진로나 결혼 등 중요한 일들은 주님께 맡기지 못하고 음성을 들으려고도 하지 않는다. 그러면서도 자신이 하는 일이 하나님의 일이라고 말하고 싶어 한다.

사도행전 15장에 나오는 제1차 예루살렘 공의회 때 주의 형제 야고보는 바울과 바나바의 선교 이야기를 들으며, 이방인들의 구원이 성경의 예언과 일치한다는 것을 깨닫는다. 그런데 야고보는 성령과 함께 내린 결론을 발표하기 전 자신이 깨달은 것을 모인 이들에게 나눈다. 이때 그는 "내 의견에는"(행 15:19)이란 말로 시작한다.

이 모습에서 우리는 두 가지를 마음에 두어야 한다. 한 가지는 듣는 입장을 배려하는 겸손이다. 그리고 더 중요한 한 가지는 내가 깨달은 하나님의 계시가 내 영혼에 녹아들어 내 의견으로 세워지는 과정이다.

우리의 목표는 나를 주목하는 것이 아니다. 하나님께서 역사하시어 내가 기적을 일으킬 수 있다. 하나님께서 내게 치유의 능력을 주시어 내가 기도하자 앉은뱅이가 일어났다고 가정해보자. 그러면 주님의 이름을 찬양하고, 하나님의 역사하심을 기뻐해야 한다. 그 사람을 고친 것은 하나님이시지 내가 아니다. 내가 하지 않았으면 누구라도 했을 것이다. 그것은 내 영광이 아니다. 나는 그저 그 사람을 고치도록 하신 하나님의 음성을 듣고 순종한 것이다.

가끔 자신의 생각과 주님의 생각을 혼동하는 이들이 있다. 영적인 혼동은 대부분 자기중심적이 되는 데서 생긴다. 주님은 우리에게 생각의 형태로 말씀해주신다. 나로 말미암지 않은 생각이 무엇인지, 내게 와서 머문 하나님의 뜻이 무엇인지를 생각해보아야 한다. 환상을 보았다면 그 환상을 통해 주님이 내게 무엇을 말씀하시는지를 알아야 한다.

"네가 본 것을 깨닫느냐?"

주님은 우리에게 이렇게 물으시는데 환상을 본 것이 신비로운 나머지 '뜻은 필요 없어요'라는 태도를 가지는 이들이 있다. 그리고 매일 신비로운 환상이 준 감동 안에만 머물러 있으려고 한다. 그러다가 시간이 흐르면 경험은 희미해지고, 다시 자신의 경건의 힘으로 환상을 보려고 시도한다. 그렇게 사탄에게 휘둘리기 시작한다.

우리는 현상이 아니라 그분을 추구해야 한다. 정답을 잃어버리면 기적 같은 체험이 오히려 커다란 막힘이 된다. 하나님의 뜻이 우리에게서 이루어지는 것이 중요하다. 구걸하는 자를 보고 긍휼한 마음이 들 때 '그에게 돈을 줄까요, 말까요?'라고 묻는 것도 필요하다. 그런데 만약 주라고 하시는데 이런 생각이 들면 어떻게 할까? 이때에도 주님과 이야기할 수 있다.

'하나님, 저 사람이 저보다 수입이 좋아 보여요. 저렇게 앉아서 받으면 한 달에 얼마쯤 벌까요?'

그런데 성경에 원리가 있다.

네게 구하는 자에게 주며 네게 꾸고자 하는 자에게 거절하지 말라

마 5:42

이 말씀을 알기에 행하는 것이 맞다. 인격을 기울여 말씀에 순종하는 것이 가장 중요하다.

가끔 황당한 말을 하는 성도들이 있다.

"제가 참된 예배를 드리지 못할 것 같으면 주일예배를 안 드려도 되나요?"

이런 생각은 주님으로부터 온 것이 아니다. 만약 엄마가 자녀들에게 "주님이 그러시는데 너희들보다 주님이 우선이래" 하면서 아침밥도 안 주고 기도하러 나간다면 아이들은 깊은 상처를 받는다. 빌리 그레이엄 목사는 이렇게 말했다.

"주님은 은혜가 주도하지 않는 곳으로 우리를 인도하지 않으신다."

두 번째 문제는 '성경에 다 있다'는 식의 견해이다.

이 견해의 핵심적인 문제는 성경을 문자로 다루려 한다는 것이다. 물론 성경의 기록은 진리이고, 정확 무오한 유일의 법칙이다.

우리의 삶을 위한 하나님의 인도하심이 성경에 있다. 다른 소리를 하면 안 된다. 하지만 성경을 문자로 취급하며 그것을 명제적 진술로만 활용하는 것은 성경적이지 않다. 이러한 태도는 성경에 나타난 하나님의 뜻을 발견하고 순종하려는 그리스도인의 자세가 아니다. 오히려 성경을 이용하여 자신이 원하는 것을 추구하는 기복적인 모습으로 왜곡되기 쉽다.

적지 않은 사람들이 성경을 문자 정보로 대한다. 성경을 정보 습득을 목적으로 읽는다. 사람이 정보를 얻는 이유는 그 정보를 사용하기 위한 것이다. 그런데 삶의 지식은 정보를 전달하는 사람을 만나지 못하면 지혜, 즉 '지식을 삶에서 이루어가는 또 다른 지식'을 얻지 못한다. 우리에게 필요한 인문학적 책 읽기의 목적은 정보 처리가 아니라 인격적 교제를 통한 마음의 변화다. 우리는 책에서 저자를 느끼고 알 수 있어야 한다. 성경 읽기에서는 이 측면이 더욱 중요하다. 그 정보를 얻어내서 내가 목표한 것을 이루려는 것은 성경이 경고하는 파멸의 길이다. 교회가 성경을 '하나님의 글'이라 하지 않고 '하나님의 말씀'이라고 고백해온 것을 기억해야 한다.

율법 조문은 죽이는 것이요 '영'은 살리는 것이니라 고후 3:6

영(靈)이란 단어를 정의하는 것은 참 어려운 일이지만 그것이 쓰이는 자리는 분명하다. 영은 하나님과의 관계적인 의미가 담겨 있다. 바울의 표현에서도 그 관계가 살아 있으면 '영적'인 것이고 관계가 끊어져 있으면 '육적'이라고 되어 있다. 하나님과의 인격적인 관계가 살아 있을 때 진리는 살아 움직인다. 그 진리를 문자에 묶어 놓고 내가 사용하려 하면 오히려 죽음이 나타난다.

성경을 문자로 잘못 사용하는 극단적인 예가 '바이블 룰렛'(Bible roulette)이다. 회전식 연발권총에 하나의 총알만 장전하고, 머리에 총을 겨누어 방아쇠를 당기는 목숨을 건 게임인 '러시안 룰렛' 처럼 성경을 사용하는 사람들이 있다. 무엇인가를 결정할 때 기도한 다음 성경을 딱 펼쳐서 나온 말씀대로 하는 것이다. 사실 나도 그런 식으로 행동하여 은혜를 받았던 경험이 있다.

하루는 기도 시간에 앉아서 기도하다가 한 가지 소원이 일어났다.

'주님, 오늘 저에게 주실 말씀은 없으신가요?'

그러면서 성경을 펼쳤는데 다음 구절이 보이며 소명의 불이 마음 속에서 타올랐다.

네가 만일 헛된 것을 버리고 귀한 것을 말한다면 너는 나의 입이 될 것이라 렘 15:19

정말 놀라운 은혜의 경험이었다. 하지만 늘 이런 식으로 신앙생활을 하면 이상한 일이 생기기 쉽다. 성경을 펼쳤는데 "유다가 은을 성소에 던져 넣고 물러가서 스스로 목매어 죽은지라"(마 27:5)가 나오면 어쩔 것인가. 기분 나빠 다시 펼치니 "가서 너도 이와 같이 하라 하시니라"(눅 10:37)가 나온다면 그대로 할 수 있는 사람은 없다. 성경을 비인격적으로 대하는 바이블 룰렛은 기독교 계시의 핵심 방법일 수 없다. 하나님은 내 지성과 의지의 활동을 원하신다.

성경에 문제의 모든 해답이 있다고 굳게 우기는 사람들 중에는 성경을 제대로 읽지 않는 사람이 의외로 많다. 성경을 문자로 묶어놓고 사용하려는 태도에서는 하나님과 우리의 친밀한 관계가 세워질 수가 없다.

하나님께 이끌림

가끔 믿음 좋은 척하며 이렇게 말하는 사람들이 있다.

"주님이 다 알아서 하시더라."

맞는 말이다. 주님이 다 알아서 하신다. 그러나 이것이 주님이 다 하시니 나는 아무것도 하지 않아도 된다는 의미가 아니다. 이런 방임의 태도는 옳지 않다. 하나님이 생각을 지으셨다. 모든 것을 다 알 수는 없지만 우리의 신앙이 이해를 추구하는 것은 당연하고 정상적이다. 우리의 생각을 동원하여 기록된 말씀을 읽으며 하나님의 뜻을 찾는 진지한 과정이 진행되어야 한다. 생각 자체를 멈추는 것은 순종을 포기하는 태도이다.

우리가 경계해야 할 두 가지 양극단이 있다. 율법주의(legalism)와 무질서주의 혹은 규일반대주의(antinomianism)이다. 우리는 이 사이를 잘 걸어가야 한다. 그 균형의 가름대가 바로 주님과 대화하는 인격적인 관계이다.

우리는 지정의(知情意)를 가지고 주님께 인격적 응답을 하도록 지음 받은 존재다. 지정의가 십자가에 못 박혀서 죽고, 예수 그리스도 안에서 새롭게 태어나서 하나님을 향하여 걸어가는 이 변화의 세 단계, 창조와 타락과 구원 가운데 하나라도 빼면 신학이 이상해진다. 우리는 이 단계를 걸어가는 복을 누려야 한다. 따라서 우리가 하나님의 이끌림을 받는 것이 중요하다.

찬송가 〈너 하나님께 이끌리어〉(새찬송가 312장)는 이를 잘 느끼에 해준다.

너 하나님께 이끌리어 일평생 주만 바라면
너 어려울 때 힘 주시고 언제나 지켜주시리
주 크신 사랑 믿는 자 그 반석 위에 서리라

너 설레는 맘 가다듬고 희망 중 기다리면서
그 은혜로신 주의 뜻과 사랑에 만족하여라
우리를 불러주신 주 마음의 소원 아신다

주 찬양하고 기도하며 네 본분 힘써 다하라
주 약속하신 모든 은혜 네게서 이뤄지리라

참되고 의지하는 자 주께서 기억하시리.

찬양은 하나님께 인도받는 삶에 대한 깊은 영성을 표현하고 있어서 우리의 마음을 그리로 데려다 준다. 찬양을 자꾸 부르면 그 찬양이 내 영혼에 맴돌면서 자꾸 은혜 속에 머물게 된다.

하지만 은혜를 느낀다고 은혜의 삶이 이루어진 것은 아니다. 은혜의 자리에서 느끼는 것과 은혜가 내 마음의 현실이 되는 것은 다르다. 그래서 마음과 생각을 다루는 훈련을 해야 한다. 이 은혜가 무엇을 의미하는지를 생각해야 한다. 가사의 의미를 곱씹으며 그 가사가 일으키는 마음의 감격이 무엇인지를 생각해야 한다. 그럴 때 찬송은 열림이 되어 우리를 깊은 은혜의 강으로 데려다 준다.

말씀을 보는 눈이 열려야 한다

사람은 귀와 눈이 둘이고 입은 하나다. 많이 듣고 보되 말은 적게 하는 것이 창조 질서의 가르침이다. 그런데 눈은 감았다 떴다 하지만 귀는 늘 열려 있다. 귀는 그냥 있어도 들리는데 눈은 떠야 보인다. "백문불여일견(百聞不如一見)"이라는 말이 있다. 백 번 들어도 못 알아들은 것을 한 번 보고 깨달을 수 있다는 말이다. 그런데 보고도 못 깨닫는 경우도 많다. 하나님의 말씀을 묵상할 때 중요한 부분이 말씀을 보는 눈이 열리는 것이다. 그 눈은 성령이 조명해주시면 열린다.

성경 공부의 필요성이 여기 있다. 배움을 통해서 열림이 일어나기 때문이다. 그런데 성경 공부 자체가 우상이 되는 분도 있다.

한국교회는 신생교회가 아니다. 국민의 25퍼센트가 예수를 믿고 있다면 복음화가 끝난 나라로 보는데, 우리는 이미 오래전에 그 수치를 넘어섰다. 그런데 우리의 문제는 정치에도 경제에도 교육에도 기독교적인 요소가 보이지 않는다는 것이다. 조금씩 보일 때 격려가 되긴 하지만 잘하고 있는 정도는 아니다. 오히려 요즘은 사회가 교회를 걱정하는 안타까운 처지에 놓였다. 문제는 어디 있는 것일까?

신앙과 삶이 연결되지 않는다는 오랜 문제의 뿌리에는 꽉 닫힌 마음의 문이 있다. 그리스도인의 삶 속에서 열림이 있어야 한다. 특히 말씀이 열려야 한다.

하나님의 말씀은 세 가지 차원으로 이해되어야 열린다. 들리는 말씀, 기록된 말씀, 말씀이신 예수 그리스도다. 이는 개혁신학이 중요하게 생각하는 말씀의 삼중성이다.

처음에 성경은 모세가 읽어준 말씀, 선지자들이 외쳤던 말씀, 바울이 교회에 들려줬던 말씀이었다. 들리는 말씀이 기록되었다. 이 기록된 말씀을 읽으면서 말씀이신 예수 그리스도, 인격이신 예수님을 만나야 한다. 하나님의 음성이 이 기록된 말씀을 통해 들려지고, 결국 인격적인 예수님을 만나며, 인격이 건네는 말을 듣는 것이다.

자연을 통해 열리는 말씀의 세계

우리 인생에는 마음이 열리는 시간들이 있다. 나는 2006년 가을 이동원 목사님을 따라 유진 피터슨 목사님과 함께하는 세미나에 참석했다. 거기서 리차드 포스터가 시작한 영성훈련 단체인 레노바레(Renovare)를 만났다.

유진 피터슨 목사님이 사시는 몬타나의 플랫헤드 호수 곁 미국장로교 수양관에서 유진 목사님을 만났다. 나는 그때까지 안식이란 저수지의 물이 말라 바닥이 드러나면 물이 차오르기까지 쉬는 것, 혹은 소진했던 땅이 지력을 회복하도록 하는 것이라고 생각했다. 하지만 유진 목사님을 통해 '안식은 하나님의 부르심'이며, 피곤을 해결하는 것이 아니라 지음 받은 원래의 상태로 회복되는 은총임을 알게 되었다.

유진 목사님은 월요일이면 한 번도 빠짐없이 아내와 더불어 산행을 한다고 했다. 하루는 산행에서 벌새의 날갯짓을 보며 온 세상이 멈춰서는 새로운 경험을 했다고 한다. 그리고 아버지가 지은 집에서 안식년을 보내면서 그 시간들이 자신을 작가로서 새롭게 태어나게 했다는 이야기를 들었다.

나는 그의 영성에 관한 책들을 무척 좋아한다. 그래서 그의 이야기들이 더욱 흥미로웠다. 또한 평소 유진의 글에 녹아 있는 문학적 풍부함을 보며 놀라움을 금치 못했었다.

'어쩌면 그는 우리와 이렇게 다른가.'

그런데 그가 사는 몬타나의 자연을 보며, 특히 플랫헤드 호수 앞에 서니 조금 생각이 바뀌었다. 하늘의 색에 따라 호수의 색이 변하면서 독특한 분위기를 자아냈다. 물결이 고요해지고 해가 밝아지면 호수 표면에 하늘이 비치고 물속도 훤히 들여다보였다. 여름인데 멀리 눈 덮인 산들이 보이고, 수양관 잔디에 함께 피어 있는 작은 들꽃들이 호숫가의 나무 십자가와 어울려 마음을 차분하고 맑게 만들어주었다.

'이런 곳에서 문학적 감수성이 안 생겨도 곤란하겠군.'

유진 목사님의 자서전적 일대기인 《유진 피터슨 The Pastor》에 나오는 이야기들을 직접 들으며 나는 그의 삶으로 녹아들어갔다. 목회자로 태어나는 그의 이야기에 젖은 채 레노바레 영성훈련을 받았다. 영성의 거장을 만나 인격으로부터 흘러나오는 말에 감격하며 자연 속에서 진행된 영성훈련은 자잘한 설명이 필요 없는 진솔한 과정이었다.

그곳에서 유진 목사님과 4박 5일 함께 있는 동안 나는 아무것도 하지 않았다. 보통은 수련회나 세미나에 가면 아침부터 스케줄이 빽빽한데 그곳에서는 무조건 쉬라고 했다. 배구도 하고 싶고 카누도 재미있어 보였는데 그냥 쉬라는 것이다. 그런데 아무 에너지도 쓰지 않고 그저 쉬면서, 지쳐 있던 영혼이 회복되는 것을 느꼈다.

마음을 담은 반복 기도

훈련 중 하나였던 헤시카즘 기도(Hesychasm, 예수 기도)는 나에게 큰 열림이 되었다.

"하나님의 아들 우리 주 예수 그리스도시여 죄인인 나를 불쌍히 여기소서."

이 문장을 반복하는 기도이다. 내가 자란 교회 분위기에서 기도를 반복하는 것은 기도가 익숙하지 않다는 것으로 여겼다. 더구나 단순한 문장을 반복하는 기도는 곧 중언부언하는 기도로 느껴졌다. 주기도문을 반복해서 기도하라는 말을 들었을 때도 나는 이렇게 생각했다.

'주기도문을 왜 반복해? 한 번 할 때 제대로 해야지.'

하지만 온 마음을 주기도문의 한마디 한마디에 실어 제대로 기도해본 기억을 떠올려보니 거의 없었다. 기도의 언어에 마음을 담지 않고 그냥 외운 말을 넣어놓듯이 해온 것이다. 내가 기도의 단어에 얼마만큼 내 마음을 담았는지를 돌아볼 때 부끄러웠다. 그러면서 헤시카즘 기도를 했다.

"하나님의 아들 우리 주 예수 그리스도시여."

내가 주님을 '주님'이라고 부르는 그 언어 속에 간절함을 담아보았다.

"죄인인 나를 불쌍히 여기소서."

정말 불쌍히 여김 받아야 하는 존재인 나를 처절히 느끼면서 기도했다. 기도를 반복하며 이런저런 생각들이 떠올랐지만 그것들은 곧 진실한 기도의 언어 속에 사라져갔다. 그러면서 어느 틈인가 모든 생각이 가라앉고 진실한 소원으로 그분만을 찾게 되는 간절함으로 들어가게 되었다.

이 30분의 시간이 기도에 대한 생각을 새롭게 바꾸어놓았다. 신비로운 체험이나 성령의 불같은 뜨거운 느낌은 없었다. 그저 내 영혼이 자유롭고 평화로워지는 느낌이었다. 기도를 마치자 내 안에 기쁨이 살아났다. 흰 드레스를 입고 결혼식 때 내게로 걸어오던 아내의 이미지가 마음에 그려지면서 오랫동안 눌려 있던 무거운 정서가 떠나가고 신선한 느낌이 차올랐다. 그리고 그때부터 오랫동안 멈추었던 시 쓰기를 다시 시작했다.

자연이 자연스레 다가옵니다
호수에 햇살에 바람에
흔들리는 나뭇가지에
온 땅 가득한 주님의 사랑
나도 사랑합니다.

바람이 부는 호숫가 풍경들이 정겹게 나의 세계로 다가오면서 그 속에서 느낀 하나님의 사랑이 나의 언어로 솟아나기 시작했다.
'와, 이런 안식이 있다니!'

본질로 돌아가는 쉼과 진실한 언어로 마음을 쏟아내는 기도 속에서 마음이 회복되어가며 자연을 바라보는 눈이 열렸다.

말씀을 인격으로 만날 때

또 하나 알게 된 사실은 영성은 책이나 자료가 아닌 인격을 만나는 데서 시작된다는 것이다. 좋은 프로그램보다 더 중요한 것은 그 프로그램을 인도하는 사람의 인격이다. 유진 목사님의 인격이 나의 시간을 끌고 갔다. 처음 유진 목사님을 만났을 때는 그가 참 좋은 사람임을 느꼈다. 그리고 만나면 만날수록 그의 말에 능력이 있고 그의 비판이 아주 신랄하다는 사실을 알게 되었다. 하지만 그의 말은 아프지도 않고 마음에 상처를 내지도 않았다. 또한 그는 사랑의 마음으로 내가 고민하는 것에 대해 대답해주었다. 그와 따뜻한 대화를 나누는 중에 자연이 열리는 체험을 하게 되었고 시편 19편의 배열이 이해되기 시작했다.

하늘이 하나님의 영광을 선포하고 궁창이 그의 손으로 하신 일을 나타내는도다 날은 날에게 말하고 밤은 밤에게 지식을 전하니 시 19:1,2

다윗은 왜 여호와의 율법을 말하기 전 자연에 대한 이야기를 먼저 꺼냈는지 늘 궁금했다. 신학적으로도 자연신학이 계시신학을 앞서면 범신론(汎神論)으로 갈 문제가 있기 때문이다.

그런데 그때 이 부분이 이해가 되었다.

'아 자연을 보며 창조주 하나님을 느끼는 감각이 있어야 성경 말씀이 꿀송이보다 더 달게 느껴지는구나.'

다윗은 하늘을 바라보면서 하나님을 느끼고 있다. 하나님이 지으신 것을 보고 하나님이 느껴져야 자연스러운 것이다. 성경도 하나님이 주신 것이므로 성경 속에서 하나님이 느껴져야 한다. 바울 서신은 바울이 기록했지만 그것을 읽으며 하나님이 느껴져야 한다. 바울이라는 인격을 통해서 하나님을 느끼는 것이다.

우리가 하나님의 사랑으로 채워지며 죄를 용서 받아 죄의식으로부터 자유로워지면, 자연을 볼 때 하나님을 느낄 수 있는 자유가 주어진다. 우리는 아름다운 노을 속에서도, 보이는 모든 것에서 하나님을 느낄 수 있다.

그의 소리가 온 땅에 통하고 그의 말씀이 세상 끝까지 이르도다 하나님이 해를 위하여 하늘에 장막을 베푸셨도다 해는 그의 신방에서 나오는 신랑과 같고 그의 길을 달리기 기뻐하는 장사 같아서 시 19:4,5

시인은 해를 신랑으로 의인화하고 있다. 자기의 장막에서 나와서 달려가기를 기뻐하는 장사로 해의 움직임을 비유하는 감각이 시인에게 있다. 이렇게 하나님이 자연을 통해서 건네 오시는 말씀을 다윗이 듣고 노래로 표현하고 있다. 이 열림이 있어야 하나님의 말씀을 읽을 때 문자에 빠져 읽지 않고, 내게 말씀을 건네 오시는 하나님의 사랑의 음성을 듣게 된다. 표면을 넘어서 영적인 것을 보는 눈이 열린다.

하늘에서 하나님이 보여야 성경에서 말씀이 들린다. 우리가 하늘에서 하나님을 느끼는 정서로, 성경에서도 하나님이 느껴지도록 내 마음을 움직여 가며 읽어야 한다는 말이다. 그러고 나면 모든 시간, 모든 것을 통하여 말씀하시는 하나님을 경험하게 된다.

하나님이 말씀하시는 방법

하나님께서 우리에게 말씀하시는 방법은 무수하다. 조이 도우슨의 《하나님의 음성을 듣는 삶》에는 다양한 방법들이 소개되고 있다.

먼저 시각적인 방법이 있다. 환상, 꿈, 천사, 손가락으로 쓰시는 것, 무지개, 창조, 불기둥과 구름기둥, 소멸하는 불, 초자연적인 표적, 환경, 우림과 둠밈, 제비뽑기 등이 이에 해당한다. 다 성경에 나오는 것들이다.

그런데 다 똑같지 않다. 예를 들어 천사를 보내실 때도 아브라함처럼 처음에는 천사인지 모르게 보내시는 경우가 있고, 마리아처럼 천사인 줄 한눈에 알아보게 보내시는 경우가 있다. 천사도 다양하다. 소식만 전하는 천사가 있고, 미가엘처럼 바사국 군이 자신을 막아서 21일이나 걸렸다고 전달의 과정을 설명해주는 천사도 있다.

여기서 중요한 것은 천사를 만났다는 것이 아니라 그 천사가 전해준 하나님의 말씀이다. 환상 그 자체가 아니라 환상을 통해서 주신 말씀이 중요하다. 하나님이 주신 꿈과 개꿈을 어떻게 구별할 수 있는가? 하나님이 주신 꿈은 빛이 밝게 비추고, 개꿈은 어둡다는 사람이 있는데 그런 식이 아니다. 하나님이 주신 꿈은 마음에 남는다. 하나님이 내게 무언가 건네 오신 말씀이기 때문에 인상으로 남고 자꾸 생각난다. 그리고 하나님은 그 꿈을 통해 나로 하여금 되묻게끔 만드신다. 반면에 개꿈은 꿈을 꿀 때는 무척 좋았어도 일어나면 기억이 잘 안 난다. 하늘을 날고 온갖 대단한 일을 해도 의미 없이 사라진다.

두 번째는 청각적으로 주어지는 것이 있다. 마음속에 들려주시는 음성, 귀에 들려주시는 음성, 성령의 은사, 음악과 시, 다른 사람, 동물의 세계, 간증 등이 있다.

앞서 살펴본 세미한 음성처럼 생각으로 남는 말씀이 있다. 또한 직접 귀에 들려주실 때도 있다. 그런데 귀에 들려주시는 음성도 녹음은 안 된다. 바울이 다메섹에서 하나님의 음성을 듣는다. 그런데 성경은 "(바울과) 같이 가던 사람들은 소리만 듣고 아무도 보지 못하여 말을 못하고 서 있더라"(행 9:7)라고 말한다. 여기서 소리라는 것이 하나님의 음성을 들었다는 것이 아니다. 일어나는 소리들을 말하는 것이다.

또한 사도행전 22장 9절을 보면 "나(바울)와 함께 있는 사람들이 빛은 보면서도 나에게 말씀하시는 이의 소리는 듣지 못하더라"라고 기록한다. 바울에게는 쩌렁쩌렁 울리는 하나님의 음성이어도 다른 사람은 듣지 못하는 음성인 것이다.

하나님의 음성은 방식이 아니라 인격으로 안다. 하나님을 알기에 그분의 음성을 아는 것이다. 전화를 받을 때 "여보세요"만 들어도 누군지 알겠는 사람이 있다. 남편 목소리를 듣고도 누군지 모르면 곤란하다. 하나님의 음성을 듣는 일에도 익숙해지는 과정이 필요하다. 두 인격이 시간을 많이 보낼수록 서로의 말을 많이 알아듣는다는 간단한 원리다. 아내는 내가 대충 이야기해도 금방 알아듣는다. 자꾸 듣는 연습을 하라.

처음부터 잘 알아들을 수 없다. 그렇지만 중요한 것이 있다. 하나님께 순종하려고 하면 못 알아들어도 문제되지 않는다는 사실이다. 신뢰는 나의 연약함을 넘어 역사하시는 하나님에 대한 마음의 태도다. 하나님께서는 우리를 사랑하시기 때문에 우리가 못 알아듣는 실수로 망하게 하지 않으신다. 그저 계속 들을 마음과 순종할 마음만 있으면 된다. 그러면 잘 이해되지 않는 간증을 통해서도 말씀하시고 나귀를 통해서도 말씀하실 때가 있다.

세 번째로는 정서적인 것이 있다. 강한 확신과 평강, 성령님의 촉구와 제지, 하나님의 만지심, 인상이나 느낌 등이 있다. 하나님은 우리의 마음을 움직여 말씀하신다. 예를 들어 강한 확신과 평강을 통해서 그 일이 하나님의 일이라고 말씀하시는 때가 있고, "이 일을 위해 기도해라" 하고 음성으로 들려주시는 경우도 있고, 기도의 갈망을 일으키시는 경우도 있다. 모두 주님이 우리에게 말씀하시는 방식이다.

또한 주님이 제지하시는 것이 있다. 마음에 불편함을 계속 일으키시고 무엇인가를 하지 못하게 하신다. 인간적인 욕구 때문에 그러는 경우가 있고, 성령이 제지하시는 경우도 있다. 사도행전 16장을 보면 성령, 예수의 영이 아시아로 향하는 바울의 길을 막았다는 이야기가 나온다. 이처럼 하나님께서 그곳이 아니라고 말씀하시는 경우가 있다. 또 하나님이 만져주심을 통해서 마음에 솟아나게 하시는 것도 있다.

하나님의 음성은 도구에 의해 좌우되지 않는다. 다만 하나님께서 내게 익숙한 방법으로 훈련시키실 수 있다. 어떤 사람은 말씀을 들을 때 마음이 움직이는 것으로, 어떤 사람은 기도 가운데 일어나는 마음의 확신으로, 어떤 사람은 성경을 읽거나 성경 암송의 은혜 속에서 등 자신에게 익숙한 방식이 있다.

주의할 것은 자신이 익숙한 그것만이 계시의 통로라고 단정하지 말아야 한다는 것이다. 하나님이 우리에게 보이시는 사랑을 이해하는 더 큰 기반 위에 서야 한다. 우리에게 말씀하시는 그분이 누구인지 아는 지식이 중요하다.

그리고 음성 듣기를 기록으로 남기자. 희미한 기록이 뚜렷한 기억보다 오래가는 법이다. 우리는 묵상과 기도의 기록을 통해 우리 영혼의 여정(journey)를 보게 된다. 그래서 저널(journal)이라고 한다.

나를 되돌아보고 반추해보는 기록을 가지고 있는 것이, 좋은 도구함을 가진 목공과 조각칼 하나 가진 목공의 차이처럼 영적 성장에 큰 차이를 만든다. 정직한 글을 훈련하며 자신의 표현을 키워가자. 하나님을 경외하며 나의 마음을 써내려가 보자. 그리고 그것을 믿음의 식구들과 함께 나눠보자. 실질적 성장이 이루어지는 생생한 현장은 바로 여기에 있다.

주님의 마음이
내 마음이 되다

마음을 지키는 일

모든 지킬 만한 것 중에 더욱 네 마음을 지키라 생명의 근원이 이에서
남이니라 잠 4:23

생명이 마음으로부터 나온다는 말씀은 굉장히 중요하다. 예수님
을 영접하면 우리의 주인은 예수님이시다. 그러니 우리 마음의 주
인도 예수님이시다. 예수님을 믿으면 우리는 반드시 변화를 경험하
게 된다. 그런데 그 변화는 하루아침에 이루어지지는 않는다.

예수님을 영접하는 즉시 우리 마음이 예수님으로 가득 차게 된다

면 얼마나 좋겠는가. 하지만 그때부터 우리 마음에서는 전쟁이 시작된다. 주님 뜻대로 살고 싶은 마음과 내 뜻대로 살고 싶은 마음이 서로 부딪친다. 단, 한 가지 알아야 할 사실은 자기 뜻대로 하고 싶은 것이 바로 죄의 본질이라는 것이다. 마음의 뿌리를 봐야 한다. 내 뜻대로 하고 싶은지, 하나님께 순종하고 싶은지. 이 둘이 분간이 되지 않으면 그때 사탄이 날뛰게 된다.

빛이 있는 곳에는 어둠이 힘이 없다. 아무리 사탄이 우리를 강력히 공격하려 해도 빛이 비추면 힘이 없다. 죄의 유혹이 강한 것은 사실이나, 그보다 하나님이 더 분명하게 느껴지면 죄를 지을 수 없다. 필립 얀시에게 들은 이야기다. 깊은 바다는 수압이 강해서 아무리 튼튼한 잠수정도 수압을 오래 견디지 못한다. 그런데 그곳에 물고기들이 산다. 커다란 눈에 얇은 피부를 가진 물고기들이 깊은 바다 속에서 자유롭게 살 수 있는 것은 그들이 가진 내면의 압력 때문이다. 아무리 수압이 높아도 내면에 동일한 압력이 있으면 영향을 받지 않는다.

살아 계신 하나님이 내 마음의 현실이 되면 죄를 이길 수 있다. 그런데 나는 죄를 짓고 싶어 하며, 자꾸 욕심을 낸다. 내 경우 다이어트 중이더라도 초콜릿을 보면 본능적으로 먹을 때가 있다. 그런데 초콜릿을 향해서 손을 내미는 순간, "기영아" 하고 하나님의 음성이 들리면 멈추게 된다. 하나님이 생생하게 의식되면 절대 먹을 수가 없다.

내 뜻대로 하려고 하는 죄의 의지가 내 안에 있다는 사실과 나를 축복하시는 하나님이 계시다는 사실을 동시에만 발견하면 우리는 죄의 현실을 이겨낼 수 있다. 죄를 짓지 않으려고 노력하기보다 주님을 느껴야 한다. 주님을 선명하게 느끼면 느낄수록 헛된 생각은 안 나고, 아름답고 귀한 생각만 하게 된다. 이런 영역이 점점 확대되는 것을 '성장'이라고 한다.

갈라디아서에서 바울은 이렇게 말하고 있다.

나의 자녀들아 너희 속에 그리스도의 형상을 이루기까지 다시 너희를 위하여 해산하는 수고를 하노니 갈 4:19

여기서 '형상'이라는 단어가 나온다. 이는 우리 안에 예수님이 들어오신 것을 의미한다. 예수님을 처음 영접했을 때 주님이 다스릴 수 있는 영역은 내 마음의 전부가 아니라 내가 주님께 내어 드린 만큼이다. 나머지는 아직 어둡다. 우리는 사실 많은 죄를 지으면서도 그것을 인식하지 못하고 있다.

그런데 십자가의 영향력이 확장되면 죄를 인식하게 된다. 이것이 영적 성장이다. 내 뜻보다 주님이 원하시는 것이 내 마음에 소원이 되어 점점 커져가는 것이다. 이것이 이루어져 가는 모습을 빌립보서 2장 13절에서 찾아볼 수 있다.

너희 안에서 행하시는 이는 하나님이시니 자기의 기쁘신 뜻을 위하여 너희에게 소원을 두고 행하게 하시나니

하나님의 기쁘신 뜻이 내 마음의 소원이 되는 과정이 있다. 이처럼 하나님은 내게 소원을 주시는데, 이 과정에서 갈등이 일어난다. 그래서 예수님은 겟세마네 동산에 올라가서 이렇게 기도하셨다.

그러나 내 뜻대로 하지 마시고, 아버지의 뜻대로 해주십시오 마 26:39, 새번역

여기 내 뜻과 아버지의 뜻 사이에 갈등이 있다. 예수님이 말씀하시는 '내 뜻'은 십자가를 피하고 싶은 마음이다. 십자가는 예수님 사역의 핵심이었다. 그래서 예수님은 제자들에게 예루살렘에 올라가 자신이 죽을 것을 세 번이나 예고하셨다. 그뿐인가. 예수님이 세례 받으시는 장면부터 하나님의 어린양으로 죽으러 오신 것을 표명하고 계셨다. 그럼에도 십자가를 지는 것은 고통이었다. 예수님은 정직하셨기에 하나님 앞으로 나아가 그렇게 기도하신 것이다.

대개 우리는 고통이 보이면 그것을 피하고 싶으면서도 말로는 "십자가를 지겠습니다" 하려고 한다. 때론 예배 시간에 피곤한 몸으로 갈 때가 있다. 몸이 피곤하면 졸리고 짜증이 나면서 기도가 되지 않는다. 그러다보니 기도하다가 하나님을 생각하기는커녕 멍해

지기 쉽다. 그럴 때 우리는 얼마나 자신을 살피는가? 그 마음 그대로를 하나님께 가지고 나아가 예수님처럼 "내 뜻대로 마옵시고 아버지의 뜻대로 하옵소서" 하고 있는가? 정확히 말하자면, 하나님 앞에 꺾어야 할 내 뜻에 대해서 알고 있는가?

하나님의 뜻을 생각하라

사무엘이 사울에게 하나님의 말씀을 전했다.

> 만군의 여호와께서 이같이 말씀하시기를 아말렉이 이스라엘에게 행한 일 곧 애굽에서 나올 때에 길에서 대적한 일로 내가 그들을 벌하노니 지금 가서 아말렉을 쳐서 그들의 모든 소유를 남기지 말고 진멸하되 남녀와 소아와 젖 먹는 아이와 우양과 낙타와 나귀를 죽이라 하셨나이다 하니 삼상 15:2,3

하나님께서는 아말렉 사람들을 다 죽이라고 명하셨다. 그런데 사울은 왜 죽이라고 하는지 묻지 않았다. 이처럼 대부분 불순종의 시작은 하나님의 뜻이 무엇인지 알고자 하는 마음이 없을 때 시작된다.

아말렉은 이스라엘이 출애굽할 때 이스라엘 진의 뒤를 쳤던 악한 족속이다. 하나님은 이 아말렉 족속을 진멸하라고 말씀하셨다. 사람뿐만 아니라 소나 양, 짐승까지도 모두 죽이라고 명하셨다. 그것은 하나님이 이스라엘 백성에게 주신 사명이었다. 아말렉 족속의 가증한 일들이 더는 역사 속에 흘러가지 말아야 된다는 하나님의 결정이었다. 그러나 사울은 이를 행하지 않았다. 사무엘이 사울에게 왜 하나님 말씀을 지키지 않았냐고 묻자 사울은 이렇게 대답한다.

> 나는 실로 여호와의 목소리를 청종하여 여호와께서 보내신 길로 가서 아말렉 왕 아각을 끌어 왔고 아말렉 사람들을 진멸하였으나 다만 백성이 그 마땅히 멸할 것 중에서 가장 좋은 것으로 길갈에서 당신의 하나님 여호와께 제사하려고 양과 소를 끌어 왔나이다 하는지라
>
> 삼상 15:20,21

사울은 자신이 하나님께 순종하려고 했다고 말한다. 그것이 그의 의식 속에서는 사실일지 모르지만 결론은 그가 하나님께 순종하지 않았다는 것이다. 그는 하나님의 명령을 실천하여 내 안에 하나님의 다스림이 가득한 것을 원하지 않았다. 그저 하나님의 명령을 수행한 것뿐이다.

사울은 하나님이 모두 죽이라고 하셨음에도 아각 왕을 승리의 징표로 끌고 왔다고 말한다. 또 하나님께 제사를 드리기 위해 양과 소를 끌고 왔다고 말한다. 그는 모두 죽이라는 하나님의 명령, 그 일에 대한 하나님의 의도를 생각하지 않았다.

다만 자신이 무엇을 행했는지에 초점을 두었다. 자기 뜻대로 하고 싶은 의지가 모든 것을 휘둘렀다. 사울은 전쟁에 나갔고 승리를 경험했다. 이 승리 또한 하나님이 주셨기에 가능했다. 그러나 그 안에 하나님의 뜻이 이루어지지 않았다. 그에게 듣지 않으려는 마음이 있었기 때문이다.

우리가 마음을 확장해가고, 영적으로 그리스도를 닮아가는 데 있어서 중요한 것은 '내 마음을 드리는 것'이다. 그런데 우리는 우리가 겪는 어려움조차 드리기 싫어한다. 내 뜻대로 하고 싶기 때문이다. 그러나 내 뜻대로 될 수가 없다. 내 뜻대로 되지 않는 것이 인생이다. 이것은 직접 경험하지 않고는 배울 수 없다. 한번쯤은 넘어져보고 실패도 해봐야 인생이 내가 계획한 대로 되는 게 아님을 깨닫는다.

만약 인생이 내가 세운 계획대로 다 되었다고 가정해보면 머리털이 선다. 하나님이 가로막아주신 덕분에 어리석은 길을 가지 않았고, 하나님이 도와주셔서 어려움이 와도 이겨낼 수 있었다. 어려움을 겪으면서 회개하게 되고, 돌이켜보면서 숨겨진 뜻이 있음을 발견했다. 그리고 내 안 깊숙이 욕심이 있음을 깨달았다.

우리는 그 욕심을 죽이고 나를 주님께 드려야 한다. 낙심되는 내 마음, 깨닫지도 못한 채 괴로움에 성나 있는 내 존재 전부를 하나님께 드리는 연습을 해야 한다. 내 뜻대로 하려는 의지를 꺾고 주님께 순복하여야 한다. "원하지 아니하는 곳으로 데려가리라"(요 21:18) 하신 말씀을 마음에 받아들여야 한다.

이렇게 마음을 세워가는 것, 주님의 음성을 듣고 주님과 교제하는 일은 하나님과의 관계에서 정말 중요한 걸음이다. 결국 순종과 불순종의 차이는 여기서 온다.

'내 마음대로'를 버려라

하나님의 음성을 듣는 삶을 우리는 '순종' 또는 '복종'이라고 표현한다. 즉, 하나님이 말씀하시면 그대로 하는 것이다. 이 태도가 중요하다. 하나님의 음성이 뚜렷하지 않아도 순종할 마음이 있고, 주님께 내 마음을 드리는 삶을 살고 있으면 아무것도 문제되지 않는다. 주님이 책임지시고 주님이 이끄시기 때문이다.

문제는 하나님의 음성조차도 내 마음대로 하고 싶은 의지로 활용하려는 데 있다. 내 마음대로 하고 싶은 의지가 중심에 자리 잡고 있고, 성경의 원리들을 활용하여 그걸 얻어내려고 한다.

내가 어렸을 때 들은 이야기다. 어떤 사람이 길을 가다가 멋진 집을 발견했다. 그는 그 집을 갖고 싶었는데 마침 그때 성경에서 이스라엘 백성들이 여리고성 주변을 돌아 그 성을 정복했다는 이야기가 생각났다. 그는 그들처럼 그 집 주위를 돌기 시작했다.

"주님, 이 집을 제게 주십시오."

그런데 때마침 그 집 주인의 사업이 망해 그 집이 경매에 헐값으로 나왔고, 그 집을 사는 사람이 아무도 없어 그가 그 집을 거저 얻을 수 있었다. 그렇다면 기도가 응답된 것인가?

이야기를 거꾸로 생각해볼 필요가 있다. 그 집 주인이 그의 간증을 들었다고 생각해보자. 집 주인에게 하나님은 참으로 불공평하신 분이 된다. 이 이야기는 내 욕심을 성경적 원리에 적용한 잘못된 예이다. 그런데 이 이야기를 들으면서 "아멘" 하고 받아들이는 것이 오늘날 기독교의 현실이다. 목사인 나도 내 욕심을 주장하면서 하나님의 뜻이라고 이야기한 적이 있다. 그때 "아멘" 한 교인들도 잘한 것은 아니다. 다 같이 회개해야 한다.

내가 주님의 인도함을 받고자 하는 의지가 있어야 한다. 주님이 주신 것이 내 삶의 유일한 희망이라는 마음의 결단이 있어야 한다. 그래야만 하나님의 뜻을 이루어갈 수 있다. 부분적 순종은 불순종이다. 멀찍이 따라가는 것은 따라가는 게 아니다. 그것은 망하는 길이다. 우리는 하나님을 붙좇아야 하고, 그것은 즉시 기쁘게 온전히 이루어져야 한다.

깨끗한 마음

순종은 애써 하는 것이 아니라 하게 되는 것이다. 가나 혼인잔치때 종들이 항아리 아귀까지 물을 채웠던 것처럼, 아브라함이 갈 바를 알지 못하고 떠난 것처럼, 내게 나타나신 하나님이 내 삶의 주인인 줄 알고 주인 뜻대로 살겠다고 결정하는 것이 바로 순종이다.

이렇게 하나님의 음성을 듣고 순종하는 삶을 살려면 세 가지 마음의 자세가 필요하다.

먼저 깨끗한 마음을 가져야 한다.

내가 나의 마음에 죄악을 품었더라면 주께서 듣지 아니하시리라

시 66:18

죄를 품고 있으면서도 버리지 못한다면, 하나님이 우리에게 말씀하셔서도 듣지 못한다. 죄가 가로막기 때문이다. 죄인 줄 알면 버려야한다. 다시 말해 마음을 깨끗하게 관리해야 한다. 하나님의 뜻이 아닌 것이 내 안에 들어오는 것을 볼 수 있도록 깨어 있어야 한다.

이 깨끗함을 마음의 현실로 경험해야 한다. 이런 마음의 상태로가는 길은 오직 하나다. 십자가 앞으로 나아가는 것이다. 나를 십자가에 죽일 의지를 지녀야 한다. 마음의 정결함은 씻어서 얻는 것이아니라 죽어서 얻는 것이다. 보혈로 정결해진다는 것은 피를 뿌림으로써 정결해진다는 의미다. 여기서 피는 죽어야 뿌려지는 것이다. 예수님의 보혈이 뿌려지며 나도 그 십자가 죽음에 연결되는 것이다. 이렇게 죽을 때 깨끗해진다.

믿음의 선배들과 오늘을 사는 우리의 신앙생활에서 뚜렷하게 차이나는 것은 죄의 문제다. 요즘 교인들을 보면 죄를 안 짓고 살거나죄가 문제 되지 않는 것처럼 보인다. 회개의 눈물이 희귀해진 것이다. 그래서 십자가 앞에서 자신을 살피며 회개할 때 회복되는 기쁨

을 알지 못한다. 그리스도인이 경험하는 기쁨에는 죄 용서의 기쁨이 있고, 하나님의 임재로 인한 기쁨이 있다. 이 중 하나님의 임재로 인한 기쁨이 영생을 살아가는 데 중요하다. 그러나 용서의 기쁨이 없이는 임재의 기쁨에 이를 수 없음을 기억해야 한다.

경외하는 마음

또한 우리는 하나님을 경외하는 마음을 가져야 한다. 경외하는 마음은 두려움의 정서이다. 두려움에는 두 가지가 있다. 도망가는 두려움과 다가가는 두려움이다. 죄를 품으면 하나님께로부터 도망가고 싶은 두려움이 생긴다. 그런데 하나님께 다가가려고 해도 조심스러운 두려움 곧 경외함이 생긴다.

우리는 성경이 가르쳐 주는 대로 하나님을 알아야 한다. 성경은 하나님을 사랑이시면서 소멸하는 불이시라고 말한다(요일 4:16, 히 12:29). 따라서 우리는 하나님의 사랑 안에 거할 뿐 아니라 그분을 경외할 줄 알아야 한다. 벧세메스 사람들이 하나님의 법궤를 열어보고 죽었다(삼상 6:19). 그분의 거룩한 영광을 죄인이 보면 죽는다. 그래서 모세가 하나님의 영광을 보여 달라고 하자 하나님은 "네가 내 얼굴을 보지 못하리니 나를 보고 살 자가 없음이니라 … 내가 너를 반석 틈에 두고 내가 지나도록 내 손으로 너를 덮었다가 손을 거두리니 네가 내 등을 볼 것이요 얼굴은 보지 못하리라"(출 33:20,22,23)라고 말씀하셨다.

그리고 이 세상의 모든 것을 하나님이 만드셨다. 천국과 지옥도 마찬가지다. 그런데 때때로 사람들이 내게 묻는다.

"사랑의 하나님이 진짜 지옥을 만드셨나요?"

그렇다. 본성상 죄를 미워하시는 하나님께서 지옥을 만드셨다. 지옥의 불은 하나님으로부터 나온다. 영원히 불붙는 지옥에서 고통당하는 게 괴롭게 보이는 것은 우리의 시각이다. 십자가를 알지 못하는 죄인에게는 차라리 지옥이 낫다. 천국은 주님의 영광으로 찬란한데, 죄인에게는 그 천국의 영광이 지옥의 불보다 더 뜨겁기 때문이다.

이 땅에서 내가 생각하는 방식이 아닌 하나님이 가르쳐주신 변함없는 하나님의 질서를 이해하는 태도를 지녀야 한다. 하나님을 하나님으로 대할 줄 알아야 그분의 길을 좇아갈 수 있다.

하나님은 죄인인 내가 용서의 은혜를 받은 후에도 여전히 경외해야 할 분이다. 친밀함이 이 경외함을 없애지 않는다. 거룩하신 하나님이 우리와 같이 낮아지심으로 우리를 구원해주셨다. 그 사실을 항상 마음에 두어야 한다.

할아버지가 손주랑 놀아 준다고 할아버지를 아이 취급하면 안 된다. 아이와 잘 놀아주서도 할아버지는 할아버지다. 때로 할아버지가 친구처럼 대해준다고 해서 아이가 할아버지의 말씀을 듣지 않으면 안 된다. "이놈" 하고 야단을 치시면 멈춰야 한다. 그래야 아이는 계속 할아버지와 즐겁게 놀 수 있다. 이런 마음의 상태를 지녀야 한다. 하나님을 존중하고 사랑하기에 하나님이 싫어하시는 죄를 버리는 것, 그것이 하나님을 경외하는 마음이다.

내어드린 마음

마지막으로 하나님의 음성을 듣고 순종하는 삶을 살기 위해서는 내 마음을 주님께 드려야 한다. 순종이 제사보다 낫고, 듣는 것이 숫양의 기름보다 낫다(삼상 15:22). 사실 하나님은 제물에 관심이 없다. 내가 순종한다고 하나님께 도움 되는 것은 없다. 천지를 지으신 분이 무엇이 모자라시겠는가? 나를 드린다고 해도 하나님 입장에서 무엇에 쓰시겠는가?

이렇게 이야기하면 사람들은 다시 묻는다.

"하나님은 돈이 필요 없으시니, 헌금 안 해도 되는 거죠?"

"전능하신 하나님이시니, 내가 그 일을 안 해도 되겠네요?"

헌금하고 봉사하는 것은 우리가 그것에 예민하기 때문이다. 하나님이 필요해서 하는 것이 아니다.

우리는 때로 하나님은 제사만 드리면 용서해준다는 큰 착각을 한다. 이스라엘 백성들이 하나님께서 수소의 고기와 피를 좋아하신다고 착각한 것처럼 말이다. 하나님께서 우리를 원하시는 것은 하나님의 특별한 사랑 때문이다. 성경에 나오는 하나님은 그 사랑 때문에 고통당하는 신이다. 사랑 때문에 모욕과 수치를 당하시고 십자가에서 힘없이 죽으셨다. 그 사랑 때문에 죄인들의 오랜 거절과 반역도 품고 기다리시는 분이다.

하나님은 우리를 사랑하시기에 순종하고자 하는 마음을 가장 귀한 헌신의 제사로 받으신다. 그러므로 우리는 날마다 제사를 드려야 한다. 비록 내 마음이 하나님께 드릴 만하지 않다고 생각되어도 있는 모습 그대로 주님께 드려야 한다. 손주가 흙 묻은 손으로 달려와도 할아버지는 번쩍 들어 안아주듯이 하나님은 우리를 내어드릴 때 그 거룩한 손에 우리를 받으신다.

보소서 주님 나의 마음을
선한 것 하나 없습니다
그러나 내 모든 것 주께 드립니다
사랑으로 안으시고 날 새롭게 하소서

주님 마음 내게 주소서 내 아버지
주님 마음 내게 주소서
나를 향하신 주님의 뜻이 이루어지도록
주님 마음 내게 주소서.
_〈주님 마음 내게 주소서〉 중에서

이 찬양의 고백의 우리의 고백이 되어야 한다. 친밀함은 바로 이 마음에서 자라난다.

CLOSER AND CLOSER

온전한
누림

나와 화목하신 사랑을 의지하여 받아들이라.
하나님이 내게 사랑으로 다가오시어 참된 기
쁨이 되어주시고 평화가 되어주신다. 내 힘으
로 평화를 이루려고 애쓰고 살아온 삶에 참
평강을 주신다. 주님은 나와 함께 계신다. 내
가 느끼든 느끼지 못하든 그분은 견고하게 내
삶에 함께 하신다. 그 주님을 붙잡고 화목을
누리자. 그리스도께서 우리의 평화이시다. 경
험 속에 쌓여가는 이 고백이 하나님과의 친밀
한 관계의 실천이다.

한 걸음 한 걸음 주 예수와 함께

날마다 날마다 우리 걸어가리

〈주와 같이 길 가는 것〉 중에서

지금 있는 곳에서
하나님을 의식하라

그래도 여전히 어렵다

추상화는 배경지식이 없이 보면 마치 낙서 같다. 작가와의 접촉점이 있어야 이해가 된다. '혼자 알아서 느끼라'는 말은 '몰라도 된다'는 무시나 다름없다. 그래서인지 요즘 전시에는 설명글이 달리는 것을 볼 수 있다. 하지만 마음을 기울이는 수고 없이 추상적인 것은 여전히 어렵고 막연하기만 하다.

하나님은 영이시니 예배하는 자가 영과 진리로 예배할지니라 요 4:24

사람은 영적인 것을 보고 느끼는 일에 익숙하지 않다. 이것이 우리가 경험하는 실질적인 어려움이다. 사람은 보고 듣고 이야기하는데, 영(靈)이신 하나님과 어떻게 인격적 교제를 해야 하는지 막연하다. 음성도 안 들리고 만질 수도 없는 하나님을 예배한다는 것 자체가 기적이다.

예배가 가능하게 된 이유는 요한복음 1장에 설명되어 있다.

말씀이 육신이 되어 우리 가운데 거하시매 요 1:14

영이신 하나님이 자신을 알려 주시려 인간이 되셨다. 그리고 경험하게 해주셨다. 예수님의 제자들은 이 생명의 말씀을 듣고 보고 만졌다(요일 1:1 참조). 그런데 주님은 죽으시고 부활하신 후에 승천하셨다. 더는 나사렛의 젊은 청년 예수로 계시지 않았다. 대신 예수님의 영인 성령님을 우리 안에 보내셨다. 성령의 사역은 인치시는 것이다. 도장이 문서의 효력을 확증하는 것처럼 성령님이 우리에게 하나님의 도장으로 오셨다.

하지만 여전히 어려움이 있다. 그 성령님을 어떻게 만나고 경험할 수 있는가? 하나님은 이 생생한 경험을 현실로 가져오시기 위해서 모두를 위한 안전하고 분명한 광장을 만드셨다. 그것이 성경이다. 성경은 명제적 진리를 증거해주는 문장 모음이 아니다.

루이스 쉐릴(Lewis S. Sherill)의 표현대로 "성경은 하나님과 만나 인격적 교제를 이루는 만남의 광장"이다. 성경을 읽는 것은 지식을 탐

구하는 것을 넘어서서 하나님을 만나는 것이다.

이 모든 것을 다 믿고 받아들여도 우리에게는 여전히 어려움이 있다. 사실 우리는 어려움이 있음에도 매 주일, 매일 아니 매순간 영이신 하나님을 예배해왔다. 낯선 것 같아도 이미 오랫동안 예배 해왔고, 추상적인 것 같아도 반복하여 신앙고백을 드렸고, 느끼지 못하는 것 같아도 하나님 때문에 울었다.

우리는 이미 베푸신 은혜 속에 있다. 하나님의 은혜 가운데 그분을 만나는 게 중요하다. 만나면 해결된다. 욥이 주님을 만나니까 고통이 해결되었다. 문제는 하나, 만남을 실제로 시작하지 않는 것이다.

내 경우를 보면 하나님과의 교제를 실지로 이루어가는 일은 내 곁에 두신 사람들을 통해서였다. 나는 혼자 있을 때 위험하다. 누군 가 옆에 있어야 된다. 한번은 혼자 있는데 갑자기 '애니팡'이라는 게임이 재미있다는 얘기가 생각났다. 이전에 주님 앞에서 회개하며 게임 시디를 가위로 자른 적이 있다. 나는 게임에 빠지는 약점이 있 어 처음부터 시작하지 않는 것이 좋다. 게임이 죄라는 말이 아니다. 나한테는 죄가 되기 쉽다는 말이다. 묵상하는 시간보다 게임하는 데 시간을 더 많이 쓸 수 있기 때문이다. 그런데 카톡을 하다가 무 언가를 잘못 눌러 애니팡을 다운받게 되었다. 한 번 해보니 너무 재 미있었다. 입문한 첫날 7만점을 넘었다.

문제는 그 다음이었다. 교인들이 하트를 보내오기 시작했다.

'으악! 들켰다.'

당장 로그아웃하고 게임을 지웠다. 교인들로부터 '목사님은 기도도 안 하시고 게임만 하시나봐' 하는 말이 듣기 싫어서였다. 나에게 하트를 보낸 사람들은 호의였지만, 나는 그것을 보자마자 정신이 번쩍 났다. 사람들이 의식되는 것이다.

마음의 질서를 이해하자. 누군가를 의식하면 우리의 행동은 마음의 실제로 이해하기 시작한다. 하나님은 나에게 인격을 의식하는 일을 주변 사람들의 시선과 생각을 통해 훈련해 오신 것이다. 사실 하나님과의 관계는 이러한 인격 의식으로 시작된다. 내 경우는 누군가 나를 보고 있다는 감각에서 시작되었다.

사람보다 하나님을 더 의식하면 죄는 끊어진다. 문제는 하나님은 너무 멀리 두고, 의식하지 않으려는 데 있다. 눈에 보이는 사물이나 사람이면 의심하겠는데 하나님은 영(靈)이시고, 그 하나님의 영이 내 안에 있다고 하는데 진짜인가 싶고, 또 내 안에는 없는 것 같아서 고민스럽다. 우리가 배운 과학적 실험이 마음의 습관을 그렇게 훈련시켰다. 그래서 우리가 말씀을 묵상하며 사고의 습관을 고치는 훈련이 필요한 것이다.

영적 실체를 느껴라

우리가 영이신 그분을 알 수 없기 때문에 하나님이 취하신 첫 번째 조치는 인간이 되신 것이다. 주님은 하늘에서 떨어지시거나 알에서 깨어나신 게 아니라 여자의 배 속에서 세포 분열을 경험하면서 사람이 되셨다. 모든 인간들과 똑같이 "응애" 우시며 세상에 나오셨다고 나는 믿는다.

주님이 사람이 되셨다. 이를 통해서 우리가 무엇을 겪는지 다 아는 분이 되어주셨다. 그리고 말씀이 육신이 되신 그분이 우리 안에 거하신다. 전능하신 분에게 그게 얼마나 큰 고통일지 생각해보라. 십자가의 고통만 고통이라고 생각하면 안 된다. 사랑했기 때문에 우리에게 그 사랑을 알려주려고 인간이 되셨다.

우리 중 누군가는 이런 생각을 한다.

'베드로는 좋겠다. 예수님과 눈을 마주치고 회개할 수 있어서. 나는 아무리 해도 주님이 안 느껴지니 회개의 눈물도 못 흘리는데.'

'베드로는 좋겠다. 직접 예수님의 음성을 들었으니. 나는 한 번도 주님의 음성을 들어보지 못해서 하나님의 뜻을 따라가지 못하는데.'

성경은 바로 이것을 '육(肉)'을 따르는 생각이라고 가르친다. 그렇게 주님을 경험하려고 하면 주님을 만날 수 없다. '영(靈)'이 실체라는 것을 배워야 한다. 영은 무게를 잴 수도 없고, 사진에 찍히지도 않고, 존재 유무를 확인할 길이 없다. 그러나 너무나 명백하게도 영은 실체다. 하나님은 실체이시다. 예배라는 행위 자체가 그 증거다. 주일에 교회 가는 것은 찬양대 노래 들으러 가는 것도 아니고 담임목사 얼굴 보려고 가는 것도 아니다. 하나님 때문에 가는 것이다. 하나님은 눈에 보이지 않으시는데 우리는 하나님을 예배하러 간다. 이렇듯 교회는 명백히 하나님의 실존을 증거하고 있다. 그리고 그 실체이신 하나님을 경험하도록 주님이 복을 주셔서 우리에게 성령님을 보내주셨다.

예수님이 떠나시면서 제자들에게 내가 너희와 영원히 함께 있겠다고 하셨다. 성령님으로 같이 계시며, 만물 가운데 계시고, 내 안에 계신 하나님을 감각하게 하신 것이다. 함께하시는 주님의 영적 실체가 느껴졌기 때문에 초대교회 성도들은 죽음이 두렵지 않았다. 스데반이 죽을 때에 천사의 얼굴이었던 것은 그의 성품이나 마음가짐 때문이 아니라 보좌에 계신 주님을 보았기 때문이다. 주님께서 자신을 보이신 것이다. 이 열림으로 주님이 감각되었고 스데반은 자신을 죽이는 이들을 용서하면서 삶을 마감했다.

약속만 의지하라

영화에서 투명인간의 존재를 확인하기 위해 흰 가루를 뿌리는 것을 볼 수 있다. 그걸 보고 하나님도 저렇게 확인할 만한 무언가가 없을까 생각했던 적이 있다. 그런데 주님이 그렇게는 안 된다는 마음을 주셨다. 투명인간은 인간이 투명해진 것이고, 하나님은 원래 존재 자체가 영이라 흰 가루를 뿌려도 안 묻는다. 그분은 인간처럼 시간과 공간의 제한을 받는 육체가 아니시다. 더구나 그분은 확인해야 할 존재가 아니라 경배해야 할 분이시다. 공간과 시간의 제한을 받지 않는다고 존재하지 않는 게 아니다.

우리의 감각에도 문제가 있다. 착각도 하고 실수도 한다. 사고의 전제를 고치지 않으면 근본적으로 풀리지 않는다. 의심의 길로는 닿을 수 없는 차원이 있다. 실험과 확인의 근거가 달라야 한다. 그래서 하나님의 언약이 중요하다. 하나님은 우리가 다른 것들을 의지하지 않도록 보이는 것을 다 사라지게 하셨다. 솔로몬 성전도, 다시 지은 헤롯 성전도 흔적 없이 사라지게 하셨다. 그리고 믿음으로 약속만을 의지하게 하셨다.

"하나님은 여기 계십니다."

"어떻게 아십니까?"

"약속하셨거든요. 두세 사람이 내 이름으로 모인 곳에는 예수님도 그들 중에 함께하시겠다고요."

그 약속을 받아들이고 믿고 누리면 된다. 그 누림 속에 하나님의 임재가 드러나 기쁨이 되고, 은혜가 되는 신앙의 아름다움이 자란다.

하나님은 빛이시다

영이신 하나님과의 교제에서 하나님이 빛이심을 아는 지식이 있어야 한다. 영원한 삶의 연습으로 우리의 신앙생활을 설명하는 요한일서는 하나님이 빛이심을 알라고 가르쳐준다.

우리가 그에게서 듣고 너희에게 전하는 소식은 이것이니 곧 하나님은 빛이시라 그에게는 어둠이 조금도 없으시다는 것이니라 요일 1:5

하나님은 빛이시다. 그런데 이 말이 우리의 실생활에서 무엇을 의미하는지가 좀 모호하다. 하지만 이 모호함이 영을 이해하는 관문이다. 하나님께서 만물 안에 두신 질서를 따라 생각해보면 명확해진다. 빛은 나를 일깨우는 역할을 한다. 빛이 비추면 안 보이던 것이 보이게 되고, 내가 어둠 속에 있었다는 것이 분명히 드러난다. 하나님을 감각하게 되면 죄를 깨닫게 된다.

만일 우리가 죄가 없다고 말하면 스스로 속이고 또 진리가 우리 속에 있지 아니할 것이요 요일 1:8

나에게는 새벽기도 갈 때는 입는데 낮에는 못 입는 옷이 있다. 그 옷은 무릎을 꿇고 앉기 편하지만 낡아서 빛이 있는 곳에 나오면 번들거린다. 그래서 낮에 입기는 부끄럽다. 이와 같이 빛이 비추면 내 영혼에 부끄럽고 더러운 죄가 보인다.

'내 안에 분노가 있구나. 원망이 있구나. 탐욕과 미움이 있구나.'

이것이 빛이신 하나님을 만나면 나타나는 첫 번째 현상이다. 그런데 생각의 변화가 필요한 부분이 있다. 죄의 회개는 눈물 흘리고 가슴 치며 괴로워한 다음, 죄의 대가를 치르려는 결연한 의지로 괴롭고 힘든 삶으로 들어가는 것이 아니다.

> 우리가 이것을 씀은 우리의 기쁨이 충만하게 하려 함이라 요일 1:4

죄를 해결하면 기쁨이 충만해진다. 우리를 용서하신 하나님의 사랑처럼 좋은 게 없다. 얼마나 좋으면 어거스틴은 "오 복스러운 죄여"라고 고백했겠는가? 그래서 복음이다. 내가 바르게 살아온 것이 복음이 아니다. 우리는 죄인이다. 그 죄가 드러나는데도 하나님은 우리를 사랑하신다. 죄를 용서하시고 해결하신다. 그래서 기쁜 소식이다.

내가 빛 가운데 있는지 없는지를 아는 것은 간단하다. 내가 지금 하나님 앞에서 죄를 깨닫는지 못 깨닫는지 보면 된다. 물론 이것도 주님이 깨닫게 해주셔야 한다.

어둠에 머물지 말아야 한다

빛의 혜택을 받는 것은 어려운 일이 아니다.

> 만일 우리가 하나님과 사귐이 있다 하고 어둠에 행하면 거짓말을 하고 진리를 행하지 아니함이거니와 요일 1:6

우리의 할 일은 명백하다. 어두움 가운데로 가지만 않으면 된다.

거기 머물지 않으면 된다. 인정하고 싶지 않은 나의 죄를 발견할 때, 욕심을 발견할 때 기분이 좋을 수 없다. 애니팡 이야기는 솔직히 창피하다. 설교 잘한다는 소리를 듣고 싶어 했던 일은 생각만 해도 얼굴이 벌게진다. 그런데 하나님이 용서하시므로 마음이 밝아지고 편안해진다. 빛이 있을 때 알아야 할 것은 그 빛을 등지는 족족 어두움이 드리워진다는 것이다.

안식년 기간 중 내가 존경하는 목사님과 남아프리카공화국 케이프타운 테이블 마운틴에 올라갔는데 멋진 배경으로 사진을 잘 찍어 드리고 싶었다. 최고의 배경이었지만 문제는 역광이었다. 노출을 목사님께 맞추면 배경이 안 나오고 배경에 맞추면 목사님이 어둡게 나왔다. 플래시를 아무리 터트려도 소용이 없었다. 태양 빛이 너무 밝았다.

하나님의 거룩한 빛이 가득할 때는 어떤 다른 빛도 작동하지 못한다. 그분을 등지는 순간 깊은 어둠이 발생한다. 대부분 어둠의 현상은 남을 비난하고 원망하는 생각으로 나타나기 시작한다. 우리는 은혜 속에서도 늘 이런 어둠을 만든다. 그래서 빛 가운데 행하라 하시는 것이다.

하나님께 숨길 수 있는 것은 없다

세상에는 사탄의 유혹이 있다. 또 우리는 아직 온전함에 이르지 못했다. 그리고 영원하고 완성된 하나님나라에서 살고 있지 않기에

필연적으로 어두움이 생긴다. 주님도 어두운 현상 자체가 없어진 상태로 살라고 하지 않으신다. 욥기를 보면 불평과 원망, 저주가 나온다. 그런데 성경에는 욥이 온전함을 지켰다고 나와 있다. 성경이 지켰다고 하면 지킨 거다. 하나님이 지켰다고 하는 것이 무엇인가를 알아야 한다.

욥의 아내가 욥에게 고통이 찾아오니깐 한 말이 있다.

"하나님을 욕하고 죽으라."

이 말의 핵심은 하나님을 등지라는 것이다. 그때 욥이 말한다.

"그것은 어리석은 말이다. 하나님께서 등진다고 가려지는 분인가?"

욥의 마음은 원망과 불평으로 가득 차서 그는 자신의 생일까지 저주한다. 하지만 그 모든 것을 하나님 앞에서 꺼내며 하나님을 바라보고 있다. 이것이 어둠 가운데 행하지 않는 거다.

우리는 내 안에 미움이 생기면 하나님께 혼날까봐 가리려고 한다. 손바닥으로 하늘을 가릴 수 없듯이 그분 앞에 마음을 가릴 수 없다. 주님은 밝은 빛이셔서 조금만 틀어도 그림자가 생긴다. 그렇다고 하나님을 원망하고 저주하는 마음, 예수 믿기 싫은 마음이 괜찮다고 생각하면 오해다.

그것들은 다 죄다. 하나님 앞에 꺼내라는 것은 하나님 앞에 감출 수 없기 때문이다. 말하지 않는다고 숨겨지지 않는다. 내 안에 정욕이 있는데 선한 눈빛을 짓는다고 해서 숨겨지지 않는다. 다른 사람을 부리고 싶은 마음이 있는데 겸손한 척 앉아 있다고 숨겨지지 않는다. 그러니 주님 앞에 꺼내놓아야 한다.

꺼내놓지 않으면 어두움이 되고, 어두움이 되면 혼동이 일어난다. 어두움 가운데 있으면서 내 등이 따뜻하다고 빛 가운데 있다고 거짓말해서는 안 된다. 그런 사람은 예배드리니까 괜찮고, 십일조 드리니까 괜찮다고 자기를 정당화한다. 슬픈 신앙생활이다.

하나님이 원하시는 것은 우리의 행복이요, 기쁨이다. 이런 거짓들이 우리의 기쁨을 도둑질한다. 어두움에 거하면 안 된다. 죄가 부끄럽고 나의 욕심을 버리기가 아까워도 하나님을 등지는 일만은 없어야 한다.

죄를 자백할 수 있는 특권

만일 우리가 우리 죄를 자백하면 그는 미쁘시고 의로우사 우리 죄를 사하시며 우리를 모든 불의에서 깨끗하게 하실 것이요 요일 1:9

우리는 죄를 자복함으로 빛 가운데 행하게 된다. 자백은 공개적인 고백을 말한다. 어렸을 때 교회학교 선생님들이 눈물을 흘려야 회개한 거라고 해서 눈물을 흘리려고 넓적다리를 꼬집었던 기억이 있다. 그래도 눈물이 안 나서 힘들었다. 억지로 하지 말고 자백 되는 은혜를 기다리길 바란다.

수학공식 대입하듯이 회개하는 것도 하지 말자. 만약에 누구의 것을 훔쳤는데, "하나님 잘못했어요. 용서해주세요. 저를 용서해주실 줄로 믿습니다"라고 고백만 하면 죗값을 용서받고 모든 것이 다 해결되는 것이 아니다. 기도한 다음 "용서해주셔서 감사합니다. 도둑질한 물건 잘 쓰겠습니다" 하는 것은 복음이 아니다. 이건 가짜다. 회개는 심리적 현상에 머무는 것이 아니다. 남에게 잘못한 것은 당사자에게 사과하고 용서를 구해야 한다. 이러한 자백과 용서를 구하는 것이 자유의 기쁨을 가져다준다.

물론 무조건 다 고백해야 하는 것은 아니다. "시어머니를 죽이고 싶을 만큼 미워했습니다"라고 시어머니에게 고백하면 안 된다. 자신의 죄를 돌이키지 않은 채 속풀이를 하려는 태도는 당신을 죄의 올무에 묶어 놓는다.

덕이 안 된다고 스스로 생각하지 말고 교회에 잘못한 일이 있으면 드러내야 한다. 안 그러면 주님이 드러내신다. 망가뜨리고 회복시키지 않으면 망가진 구조가 자리 잡힌다. 거짓말하면 그것으로 끝나지 않고 마음의 진실이 왜곡된다. 꾸밈없는 말에 있는 마음의 현실을 못 느끼는 파괴와 왜곡이 생긴다. 말할 수 없는 영광스러운 즐거움으로 기뻐하는 영혼의 감격을 알 수가 없다. 거짓말하는 사람은 말의 행복에 참여할 수 없다.

진정한 회개는 영혼의 기쁨과 깊이 연결되어 있다. 그래서 부끄러움이 문제가 되지 않는다. 요사이 한국교회의 어려움으로 많은 사람들이 힘들어 한다. 어떤 일은 덮어 놓는 편이 더 낫지 않을까 생각하기도 한다. 하지만 성경은 다르게 말한다.

그러나 책망을 받는 모든 것은 빛으로 말미암아 드러나나니 드러나는 것마다 빛이니라 엡 5:13

교회 안에 문제가 없었던 적이 없다. 문제는 늘 있었다. 하지만 교회는 죄의 고백으로 오히려 세상에 희망을 밝혔다. 죄의 고백으로 나아가는 길이 하나님이 우리에게 주신 특권이요 영광인 것을 알아야 한다. 세상이 무서워서 말도 못 꺼내고 있다면 다시 주님을 굳게 믿어야 한다. 우리는 본래 죄인이며 주님은 우리에게 십자가를 주셨다. 우리가 빛이신 주님을 생생하게 의식하며 우리의 죄를 고백하면 주님은 우리를 용서하신다. 그리고 주님의 용서는 변화의 능력으로 나타난다.

하나님의 은혜는 죄를 죄인지도 모르고 오히려 교만을 자랑하는 우리를 사랑으로 품어주시는 것이다. 태초에 혼돈과 공허와 흑암이 있었다. 그런데 "빛이 있으라" 말씀하시니 아름다운 빛이 질서로 온 세상을 채우며 환해졌다.

누가 하나님과 사귀는 사람이며 그 사귐은 무엇인가? 눈으로 보이지 않고, 귀로 들리지 않고, 손으로 만질 수도 없지만, 예배에 임하시는 하나님을 느끼며 빛 가운데 들어가 자신의 죄를 발견하고 자백하며 하나님의 용서하심을 받아들여 기쁨으로 하나님 앞에 더 가까이 나아가 예배하는 사람이다. 이 예배와 예배가 여는 모든 삶의 진행들이 친밀한 사귐이다.

그러한 삶에서 터져나오는 기쁨의 찬양이 있다.

주께 와 엎드려 경배드립니다
주 계신 곳에 기쁨 가득
무엇과도 누구와도 바꿀 수 없네
예배드림이 기쁨 됩니다.

_〈주께 와 엎드려〉 중에서

예수님은 이미 나와
친밀하시다고 믿어라

하나님과 친해지기

"하나님과 친해지고 싶으세요?"

"당연하죠."

이러한 질문에 우리는 망설임 없이 대답한다. 그런데 이때 한 가지 의문이 든다.

'그런데 친한 게 대체 뭐지?'

친하다는 개념에 대한 모호함이 있다. 하나님과 나는 어떤 관계인가? 부모와 자녀? 아니면 친구 관계? 둘 다 정답이다. 성경을 보면, 하나님을 아버지라 부르게 하시고 또 친구라고 칭하기도 하셨다.

관계에는 단계가 있다. 서로 이름만 아는 관계가 있고, 같이 식사를 하는 관계가 있다. 친해지는 것에도 단계가 있다. 그런데 하나님과의 친밀함은 사람과의 친밀함과는 다르다. 뭔가 깊이 있는 실제가 있다. 하나님과 관계 설정에 어려움이 있고, 부담이 있는 것도 사실이지만 우리는 하나님과 친해지고 싶은 욕구가 있다. 그 욕구는 매우 실질적이다.

천지를 지으시고 만물을 다스리시는 분과 친하다는 것이 삶에 얼마나 큰 기쁨과 충만을 주는지 모른다. 땅의 모든 기름진 것, 하늘에서 내리는 모든 축복으로 당신의 삶이 가득하게 되는 길이 하나님과의 친밀함에 있다. 사실 하나님과 친해지는 것 외에는 인생의 문제를 해결할 길이 없다.

"하나님이 주시는 행복을 다른 것으로 대체할 수 있는가?"

이 질문에 "있다"라고 답했다면 가짜로부터 빨리 도망쳐야 한다. 하나님을 대신하는 다른 것들은 우리를 파멸과 저주로 끌고 간다. 자식도 배우자도 마찬가지다. 가족을 배반하고 끊어버리라는 말이 아니다. 무엇도 나의 온전한 만족이 될 수 없음을 기억하라는 것이다. 하나님과 친해질 때만이 비로소 내 영혼이 안식과 위로와 힘을 얻게 된다.

두려움이 문제다

하나님과 친해지는 데 심정적으로 어려운 부분이 있다. 바로 두려움이다. 사람도 만나보기 전에는 그가 어떤지 모르기에 부담을 느끼는 것처럼 하나님께도 그런 마음일 수 있다. 또한 부모로부터 받은 상처나 친구들에게 받은 거절감이 하나님과의 친밀함을 형성하는 데 방해 요소가 될 수 있다. 신앙생활을 하면서 하나님에 대해 잘못 오해했거나 부정적인 생각들이 친밀함을 막을 수도 있다.

또한 우리에게는 하나님에 대해 본질적이고 근본적인 두려움이라는 정서가 있다. 종교적인 느낌으로서의 낯설음이 만드는 두려움이다. 초신자가 교회에 올 때 가지게 되는 느낌이라든지, 하나님의 임재가 있는 예배에 참석하게 될 때 뭔가 다른 느낌을 가지게 되는 것을 말한다. 그 느낌은 예수님을 믿고, 복음을 이해하고, 하나님이 거룩한 분이라는 것을 알게 되면서 경외함으로 승화되어 자라간다.

그런데 다른 종류의 두려움이 있다.

'언제 만나 봤어야지? 대체 어떻게 대해야 하는 거야?'

말씀을 묵상하고 기도하라고 하는 데는 다 이유가 있다. 기도를 많이 한 사람들은 주님과 친하다. 묵상하는 삶을 살고, 그 안에서 성경의 원리를 찾고, 늘 "주님, 내 삶의 길은 뭐예요? 주님은 무엇을 원하세요?"라고 묻는다. 이런 경험이 많으면 많을수록 주님과 가까워진다.

두려움은 하나님의 임재 안에 있는 사랑을 경험하며 사라진다. 하나님의 임재 때문에 두려움이 시작되는 것이 사실이지만 또 그 임재가 두려움을 물리친다. 하나님은 본성상 죄를 미워하지만 그 죄인을 사랑하시기 때문이다.

하나님은 왕이시다. 누가 뭐래도 왕은 부담스럽다. 그런데 자주 만나다보면 그 왕이 나를 사랑하는 것을 알게 된다. 그 사랑의 만남이 자주 이루어지면 낯선 느낌은 금세 없어진다. 예배는 그 변화의 과정을 진행하는 사건이다. 설교 시간에 주님이 내게 무엇이라고 말씀하시는지, 주님의 마음을 생각하고 내 생각을 주님께 건네 드리며 교제하면 점점 주님과 가까워진다.

하지만 안 해보면 여전히 낯설고 힘들다. 그 결정적인 이유는 내가 죄인이기 때문이다. 죄인이 하나님을 만나면 문제 될 일이 있음을 본능적으로 의식한다. 하나님께서 아들의 생명의 대가를 지불하셨기에 우리가 그분을 만나면 생명을 바치는 헌신이 요구된다는 사실을 본능적으로 감지한다. 안 배워도 이런 마음이 일어난다.

'지금 이렇게 예배드려주기도 힘든데, 그분과 더 가까워지면 얼마나 더 힘들까? 십일조 내는 것도 버거운데 무엇인가를 더 내라고 하면 어떡하지?'

그래서 하나님과 적당한 거리를 두면 좋겠다는 생각을 하게 된다.

또한 예(禮)를 갖추어 하나님을 만나야 한다고 생각하는 경우가 있다.

"교회에 양복 입고 가야 하나요? 평상복 입고 가야 하나요?"

이런 질문은 의미가 없다. 평상복 입고 온다고 주님을 경외하지 않는 것이 아니다. 어떤 옷을 입었는가보다 더 중요한 것은 어떤 마음으로 왔느냐이다. 내 마음속에 숨겨져 있는 두려움, 온전히 순종하지 않으려는 나를 십자가에 못 박고 주님의 은혜를 경험해야 한다. 이 경험이 없으면 바리새인이 되기 쉽다.

도둑이 제 발 저리는 법이다. 우리는 스스로의 문제 때문에 하나님께 다가가는 것을 멈추게 된다. 주님은 죽지 않고는 생명에 이를 수 없다고 말씀하셨다. 살고자 하면 죽게 되는 것이다. 하지만 반대로 마음을 돌이켜 우리가 붙들고 있는 욕심, 절대로 포기할 수 없을 것 같던 그것이 깨어질 때 우리의 삶에 예상하지 못한 기쁨이 찾아온다.

친해지려 하지 말라

우리는 주님과 친해지는 길밖에는 희망이 없는 사람들이다. 주님이 사탄에게 "얘는 내 거야. 나하고 정말 친해"라고 말씀해주시는 것 외에는 보호받을 길이 없는 존재다.

그런데 내 힘으로 하나님과 친해지려고 하면 안 된다. 우리가 할 일은 하나님께서 "난 너와 친하단다"라고 말씀하시는 것을 굳게 믿는 일이다.

그는 우리의 화평이신지라 엡 2:14

예수님이 우리의 화평이라는 사실을 믿음으로 받아들이고 고백할 때 친밀함이 마음의 현실이 된다. 이것이 세상의 방식이 아니라서 답답할 수 있다.

'믿으면 된다고 하는데 믿음이 도대체 무엇인가? 그것을 인정한다고 무슨 일이 일어나는 것도 아니고….'

믿음의 실험을 하지 않았을 때 이런 생각이 든다. 믿음을 실험해보라. 그러면 알게 될 것이다. 이렇게 기도하고 기다려보라.

"주님은 평화이십니다. 제 방식대로 살면 평화가 없습니다. 하나님의 방식대로 살겠습니다. 저를 불쌍히 여겨주세요."

가짜 평화를 만들려고 하지 말라. 목사님과 가깝게 지낸다고, 성도들에게 인정받는다고 하나님과 가까워지는 것이 아니다. 주님이 주시는 은혜를 굳게 믿고 마음의 태도를 훈련하라. 그 자체로도 의미 있을 뿐 아니라 기쁨 가득한 결실을 보게 될 것이다. 하나님께서 주시는 친밀함이 당신의 마음을 다스릴 때, 다윗처럼 "내가 주를 의뢰하고 적군을 향해 달리며 내 하나님을 의지하고 담을 뛰어넘나이다"(시 18:29)라고 고백하는 영광스러운 삶을 살게 될 것이다.

성경의 진리를 따라 믿음으로 그분의 말씀을 받아들여야 한다. "내가 평화다"라고 하셨으니 그분이 계시면 평화가 있는 것이다. 부부 사이의 평화는 어떻게 이루어질까?

"아내가 남편의 말을 존중하고 남편이 아내를 이해하면 되지 않을까요?"

20년 넘게 상담하며 발견한 사실은 그런 식으로는 갈등이 안 풀린다는 것이다.

"주님이 우리의 평화이십니다. 나는 죄인입니다."

이렇게 고백하고 그 평화를 받아들일 때 평화가 이루어진다.

내 느낌을 따라 가는 것은 위험하다. 내가 죄를 짓지 않으면 하나님과 관계가 괜찮은 것처럼 느껴질 때가 있다. 그러나 만물보다 거짓된 것이 우리의 마음이다. 이 마음이 주는 거짓을 이겨내고 하나님과 화목해야 한다. 감정을 넘어서서 하나님을 굳게 믿어야 한다. 평화는 하나님의 선물이다. 이 선물을 받는 믿음이 있어야 한다.

원수를 없애는 방법

또 십자가로 이 둘을 한 몸으로 하나님과 화목하게 하려 하심이라 원수 된 것을 십자가로 소멸하시고 엡 2:16

성경은 하나님께서 원수 된 것을 십자가로 완전히 없애셨다고 말한다. 이것이 주 예수 그리스도의 능력이다. 그런데 문제는 원수가 누구인지 모르는 것이다.

누가 원수인가? 성경이 말하는 원수는 내가 미워하는 그 사람이 아니다. 사실 그 사람은 나의 영혼을 연단하기 위해 하나님께서 내 곁에 두신 축복이다. 그러면 사탄이 원수인가? 맞다. 하지만 사탄은 대면하고 대적하면 떠난다. 그렇다면 정말 해결해야 하는 나의 원수는 누구인가? 하루는 하나님께서 말씀을 묵상하는 중에 이런 생각을 주셨다.

'원수는 나 자신이다. 나하고 화목하지 못하는 나. 내가 싫은 나자신이다.'

내가 가장 화목하지 못하는 것은 내 자신이었다. 언젠가 하나님께서 화내고 있는 내 모습을 자세히 살피게 하신 적이 있다. 내가 자녀에게 화를 내는 이유는 아이에게서 내 모습을 봐서 그렇다. 아내에게 화내는 이유는 다름 아닌 나의 약점 때문이었다. 자신을 용서할 수 없기에 다른 사람에게 미움의 화살을 날리는 것이다.

원수는 하나님의 용서를 믿지 않는 모든 것이다. 그리고 중심에 내가 있다. 주님께서 십자가에서 그런 나를 안으셨다. 도덕적으로 인정받으려다 실패한 나, 용서하고 참아보려다 폭발해버린 나, 죄를 이기지 못한 죄책감에 끌려 다니는 나, 하나님의 평화를 받아들이고 있지 않는 나를 주님이 사랑으로 품으셨다. 그리고 말씀하셨다.

"나와 함께 십자가에서 죽자."

십자가의 능력으로 원수 된 나를 죽이신 것이다. 하나님과 화목하지 못한 나는 십자가에서 죽었다. 이 십자가의 능력을 믿을 때 하나님은 나를 한 새사람으로 지으신다. 원수된 것을 없애시고 우리가 하나 되어 하나님의 성전이 되게 하신다. 나 자신과 화목한 우리가 서로 손잡는 곳에 하나님의 영광이 나타난다. 그리고 그곳이 바로 영광스러운 천국의 출장소가 된다.

하나님과 친해지려고 하지 말고, 십자가의 능력을 믿으라. 아직도 두렵다면, 그것은 하나님이 새롭게 느껴져서 그렇다. 나와 화목하신 사랑을 의지하여 받아들이라. 하나님이 내게 사랑으로 다가오시어 참된 기쁨이 되어주시고 평화가 되어주신다. 내 힘으로 평화를 이루려고 애쓰고 살아온 삶에 참 평강을 주신다. 주님은 나와 함께 계신다. 내가 느끼든 느끼지 못하든 그분은 견고하게 내 삶에 함께 하신다. 그 주님을 붙잡고 화목을 누리자.

친밀한 관계는 끊임없이 죄가 발견되는 내 삶 속에서 진행되어야 하는 믿음의 고백이다. 그리스도께서 우리의 평화이시다. 경험 속에 쌓여가는 이 고백이 하나님과의 친밀한 관계의 실천이다.

나의 큰 기쁨이신
하나님을 보라

고통을 대하는 우리의 태도

기쁨은 우리 삶이 추구하는 전부라고 해도 과언이 아니다. 그런데 오늘을 살아가는 사람들의 현실을 보면 기쁨과는 거리가 멀다. 오히려 고통 가운데 있는 경우가 많다.

시편에 보면 고통의 이야기가 나온다. 시편 42편과 43편은 사실 한 편의 시로, 반복되는 탄식이 등장한다. 42편 3절에는 "내 눈물이 주야로 내 음식이 되었도다" 하는 고통의 이야기가 나오고, 10절에는 "내 뼈를 찌르는 칼같이" 등 대적들이 하는 말을 듣고 아파하는 고백이 있다. 또한 43편 2절의 "어찌하여 나를 버리셨나이까"에서는 버림받은 시인의 깊은 좌절이 느껴진다. 이렇듯 삶에는 늘 고통이 있다. 이것을 쉽게 사라지게 할 수 없다.

고통이 찾아오면 사람들은 '왜 나에게만 이런 고통을 주시는 것일까?' 하는 반응을 보인다. 신앙이 좋은 사람도 고통이 찾아오면 그것에 묶일 수 있다. 갈멜산에서 위대한 일을 이루었던 엘리야도 로렘나무 아래서 죽기를 청했다. 깊은 절망의 늪에 빠진 것이다. 하지만 좋으신 하나님이 천사를 보내시어 그를 어루만져주셨다. 그래서 그는 하나님의 산, 호렙에 가서 그분을 대면하게 된다. 그리고 자기 마음에 있는 문제를 그대로 하나님 앞에 드러낸다.

"다 죽고 저만 홀로 남았습니다. 이제 저도 죽으려고 합니다!"

하나님은 그를 통해서 이루신 일들을 얘기해주시면서 한마디 하신다.

"내가 이스라엘 가운데에 칠천 명을 남길 것이다."

우리는 구름같이 둘러싼 허다한 증인들 속에 서 있다. 나만 괴로움을 당하는 것이 아니다. 이 모든 고난을 겪고 이기게 하시는 하나님의 영광이 있음을 믿어야 한다.

필립 얀시는 그의 책 《내가 고통당할 때 하나님은 어디 계십니까?》에서 클라오디아라는 친구가 병원에 있을 때의 이야기를 썼다. 당시만 해도 방사선 치료의 부작용이 심해서 클라오디아는 피부 껍질이 다 벗겨지는 치료를 받아야 했다. 그때 그에게 온 네 부류의 방문객이 있었다.

첫 번째 부류는 위문 단장이었다. 병문안을 와서 분위기를 확 바꿔놓는 것이다. 환자를 즐겁게 해주려 하고, 병에 대한 이야기를 하려고 하면 빨리 주제를 바꿔 긍정적인 이야기를 해주었다. 얀시는 그들에 대해 이렇게 썼다.

"그녀가 떠나간 후 꽃은 시들었고, 찬송은 불협화음에다 소리조차 안 들리는 것 같았으며 클라디오아는 남아서 또 다른 고통을 맞이해야 했다."

또 다른 부류의 사람은 믿음의 치유를 강조했다.

"하나님은 우리의 병을 원치 않으십니다. 믿음으로 기도하면 고침 받습니다. 할렐루야. 믿으십니까? 믿으셔야 돼요. 병은 하나님의 뜻이 아닙니다. 믿으면 산도 옮겨집니다."

물론 주님을 믿고 의지해야 한다. 그런데 문제는 믿음이 안 생긴다는 것이다. 믿음은 근육같이 내가 키울 수 있는 것이 아니다. 내 손으로 만들 수 있는 것이 아니다. 얀시의 말대로 믿음은 "쥘 수 없는 것"이다. 내 맘대로 되질 않는다.

한편 기도를 많이 하는 소위 신령한 분들이 찾아와 말했다.

"깨달을 수 없어도 주님의 뜻이 있습니다. 그러니 주님께 고백할 수 있어야 됩니다. '이 병을 주신 하나님을 사랑합니다.' 이해되지 않아도 이 고백을 할 수 있어야 됩니다."

고통을 당하는 클라우디아에게는 이것이 더 무거운 짐이 되었다.

나중에 담임목사도 병문안을 와서 말했다.

"고통에는 뜻이 있습니다. 사명이 있습니다. 이 어려움을 이겨나

가는 것이 다른 이들에게 희망이 될 것입니다."

맞다. 분명 고통에는 사명이 있다. 그럼에도 불구하고 고통 가운데 있다 보면 '이 사명을 다른 사람이 가져가면 안 되나? 왜 하필 내가 이 사명을 감당해야 하나?' 하는 마음의 어려움이 있다. 이게 솔직한 우리의 경험이다.

이 네 부류의 사람 중 누가 잘못되었는가? 위문단장 같은 사람이 없으면 잠시라도 숨 쉴 틈을 가질 수 없다. 병을 잊고 잠시라도 기뻐하도록 도와주는 일이 얼마나 필요한지 모른다. 믿음을 취하는 확신 또한 필요하다. 믿음이 아니고는 우리가 붙들 것이 없다. 믿고 기도한 대로 되지 않아도, 주님을 향한 믿음만이 우리의 유일한 소망이다. 신중하고 신령한 태도와 깊이 있는 영적 감각도 매우 중요하다. 결국 선하신 하나님을 신뢰하고 사랑하는 것이 우리의 길이며, 영원으로 이어지는 진실한 길이다.

마지막으로 사명 의식도 필요하다. 내가 견디어 가는 것 자체가 다른 환자들에게 희망이 될 수 있다는 사실을 인식하고, 마지막 순간까지 싸우는 모습이 신앙의 길임을 보여주는 것도 귀중하고 가치가 있다.

문제는 고통이 결코 가볍지 않다는 사실이다. 고통을 한마디 말로 위로받고, 강력한 기도 한 번으로 사라지게 하고, 충만한 예배 한 번으로 덮어버리고, 사명감을 고취시키는 설득력으로 단번에 날려버릴 수 있는 것으로 대하면 안 된다. 다른 태도가 필요하다. 고통

역시 만물의 통치자이신 하나님의 손 안에 있음을 인정하며, 깊은 어둠과 씨름하는 연단의 과정을 통과해가야 한다. 하나님께서는 내가 고통에 잠기는 것을 원하시지 않고, 이를 통해 성장하길 원하신다. 따라서 우리는 '회복'만을 생각해서는 안 된다. 내 안에서 한 걸음 '전진'해 나아가는 영광스러운 길이 열려야 한다.

기쁨을 생각해보자고 하면서 고통을 이야기하는 이유가 있다. 고통을 다루는 태도와 기쁨을 다루는 태도가 다르지 않기 때문이다. 고통을 꾹 참으면서 그것이 사라지기를 바라는 태도는 우리가 기쁨을 느끼는 마음의 구조까지 함께 꾹 눌러버린다. 고통을 느끼지 못하는 것은 심각한 병이다. 우리 교회를 섬기시는 조태승 의학 박사님이 수술 후 통증으로 힘들어 하는 교우에게 격려하기 위해 보낸 글을 보았다.

"고통은 하나님이 주신 위대한 선물입니다. 고통이 없으면 어떻게 병을 알고 치유할 수 있겠습니까?"

그렇다. 진통제가 전부인 것처럼 알고 살아서는 안 된다. 고통의 해결을 위한 진통제가 필요하다. 하지만 근본적 치료가 진행되지 않은 채 고통만 처리하려고 하면 자꾸 강한 효력이 있는 것을 찾게 된다.

시편 42편과 43편에 반복되는 구절이 있다.

"내 영혼아 네가 어찌하여 낙심하며 어찌하여 내 속에서 불안해하는가 너는 하나님께 소망을 두라 그가 나타나 도우심으로 말미암아 내 하나님을 여전히 찬송하리로다."

고통의 숲에는 믿음의 선배들이 걸어간 오솔길이 있다. 고통의 늪에서 빠져나오는 사닥다리가 있다. 이 사닥다리의 세 단계는 탄식, 간구, 찬양이다.

마음을 토로하라

'탄식'은 고통의 늪에 잠겨 있어서 사실 찾기가 쉽지 않고 과연 늪에서 나가는 길인지도 의심스러울 때가 있다. 하지만 이 마디를 꼭 잡아야 고통에서 벗어나기 시작한다. 탄식은 다른 말로 '솔직한 기도'라고 한다. 우리는 하나님을 향해 마음을 열고 정직하게 심정을 토로해야 한다.

어떤 문제가 있는지를 고백하는 것이 중요하다. 성도들과 상담하다 보면 많은 이들이 그저 참는 게 해결책인 줄 안다. 그것은 도리어 병을 키우는 것이다. 분노를 참고, 미움을 참고, 원망을 참으면 그런 정서들만 참아지는 게 아니라 기쁨이나 감사 같은 좋은 정서를 감각하는 구조도 망가진다. 고통을 있는 그대로 대면하는 것이 중요하다.

그런데 이 고통을 있는 그대로 대면하는 것이 쉽지 않다. 이럴 때 우리는 위로를 강력하게 필요로 한다. 그래서 내 어려움을 다른 사람에게 토로한다. 그러나 사람이 주는 위로는 한계가 있다. 어떨 때는 어쭙잖은 위로가 마음만 상하게 하는 일들이 비일비재하다.

간혹 작은 위로를 제공하는 사람들이 있다. 마치 광야 길에 물샘 열둘과 종려 칠십 주의 엘림이 있었던 것과도 같다. 하지만 엘림은 약속의 땅 가나안이 아니다. 엘림에 계속 머물려는 태도는 가나안의 참 희망을 왜곡한다. 엘림 같은 사람들이 있다면 먼저 하나님께 감사하라. 그러나 다시 광야로 들어서야 한다. 눈에 보이는 사람이 아니라 보이지 않지만 늘 나와 함께하시는 하나님을 찾아야 한다.

솔직한 기도를 하는 방법은 감정을 쏟아내는 것이다. 자신의 힘들고 어려운 감정을 하나님 앞에 있는 그대로 쏟아내라. 이유에 집착하지 않고 어려운 감정 그 자체를 하나님께 말씀드리는 것이다.

주는 나의 힘이 되신 하나님이시거늘 어찌하여 나를 버리셨나이까
내가 어찌하여 원수의 억압으로 말미암아 슬프게 다니나이까 시 43:2

여기서 시인은 하나님께 왜 내게 이 고통을 주셨느냐고 묻는 것처럼 보인다. 하지만 이는 이유를 파악하려는 질문이 아니다. 대답을 들은 것 없이 시인은 바로 하나님이 계신 곳으로 자신을 인도해 달라고 고백한다. 그렇게 되면 큰 기쁨의 하나님을 만날 것이라고 말이다. 그는 하나님께 고통의 이유를 묻고 있는 것이 아니라 주님을 바라보고 있다. 자신 안에 풀리지 않는 질문을 그대로 주님께 고백하고 있을 뿐이다. 이 고백이 참 중요하다.

"주님, 왜 이런 사람을 내게 붙이셔서 힘들게 하십니까?"

내가 물어도 주님은 침묵하신다. 그 침묵이 나를 더 어렵게 한다. 하지만 이 어려움을 들고 한걸음씩 하나님께 다가가는 것이 친밀한 대화의 비결이다. 하나님께 마음으로 다가가 그분께 말을 건네는 것 자체가 탈출의 첫걸음이다.

이처럼 주님께 쏟아놓을 때만 희망이 있다. 다시 한 번 새겨보자. 탄식의 기도는 솔직한 기도이며, 감정을 쏟아놓는 기도이다. 고통이 왜 왔는지 찾으려고 하면 기도가 맴돌고 늪에 빠지기 쉽다. 이때는 내 마음이 얼마나 어려운지 하나님께 고백해야 한다. 수고하고 무거운 짐을 들고 주님께 나아가야 한다. 나의 짐을 이미 지시고 나와 함께 멍에를 메자고 하시는 주님께 모든 무거운 짐을 맡겨드리는 것이다. 이처럼 괴롭고 힘들다고 고백하는 것이 기도의 비결이다.

주님께 구하라

고통의 늪에서 빠져나올 수 없을 것 같을 때, 정직한 기도로 우리는 든든한 사닥다리를 붙들게 된다. 그 사닥다리에 몸을 붙이고 나면 '믿음'이라는 발을 디딜 수 있는 기반이 있음을 알게 된다. 그리고 그 다음 마디로 손을 뻗게 되는데 이것이 바로 '간구'다. 간구의 모델은 시편 43편 3절이다.

주의 빛과 주의 진리를 보내시어 나를 인도하시고 주의 거룩한 산과 주께서 계시는 곳에 이르게 하소서 여기서 중요한 것은 내가 아니라 주님이 해주셔야만 가능한 일들이다. 주님이 빛과 진리를 보내주셔야 한다. 어둠 속에 빛나는 한 줄기 빛이 고통 중에 있는 우리에게는 참으로 절실하다. 빛이 비추어 방향이 보이고 등불이 비추어 발 디딜 곳이 보이는 것처럼 진리의 성령께서 내 마음을 비춰주셔야 한다.

또한 주님의 인도하심이 절실하다. 마음을 맑게 하여 주님을 바라보면 주님이 말씀으로 우리를 인도하신다. 인도의 시인 타고르는 연못에 띄운 배 안에 켜놓은 촛불이 오히려 무수히 쏟아지는 별빛을 보지 못하게 했던 경험을 이야기한다. 주님은 고통의 바람을 일으켜 내 마음의 불이 꺼지게 하시기도 한다. 이때는 주님을 굳게 믿고 잠시 기다리면 된다. 내가 켠 촛불과는 달리 하늘에서 밝게 빛나는 별들이 보이면 방향을 잡을 수 있다. 인도하심은 우리의 마음을 다스리시는 하나님의 고정된 별빛, 즉 성경을 통하여 보여주시는 진리의 원칙들을 보며 세워진다.

우리는 시편 기자의 고백처럼 주께서 계시는 곳에 이르게 하시는 은혜를 받아야 한다. 부족한 나를 불쌍히 여기시어 순적하게 목적지에 이르도록 주님께 겸손히 부탁드려야 한다.

하나님께 드리는 간구에서는 주님을 굳게 믿는 것이 필요하다. 결국은 주님께서 응답하시기 때문이다. 그 응답은 어떻게 오는 것일까? 솔직한 기도를 하면서 마음에 변화가 일어나는 단계는 어떻게 설명할 수 있을까? 과정을 설명해주는 정보가 주님의 은혜에 반응하는 내 마음의 길을 좁게 막아놓을 수 있다. 그래서 무엇보다도 주님을 신뢰하고 나를 내어드리는 용기가 필요하다. 내 마음에 어려움이 있어 주님 앞에 기도할 때, 처음에는 땅에서 하늘을 바라보는 기도를 한다. 그런데 이 기도를 깊게 하다보면 하나님의 마음을 느끼고 아는 단계에 이르게 되고 주님이 나를 만나 주신다.

너는 내게 부르짖으라 내가 네게 응답하겠고 네가 알지 못하는 크고 은밀한 일을 네게 보이리라 렘 33:3

땅에서 하늘을 바라보고 하던 기도가 하늘에서 땅을 보며 하는 기도로 바뀐다. 여기까지가 우리가 솔직한 기도 속에서 경험하게 되는 것들이다. 그리고 이렇게 간구하게 된다.

"빛과 진리를 보내주십시오. 나를 인도해주십시오. 하나님의 전에 이르게 하여 주시옵소서."

구체적으로 믿음을 가지고 강력하게 주님 앞에 간구할 수 있게 된다. 그리고 나면 그 다음 단계로 찬양이 비로소 나오게 된다.

찬양하라

찬양은 우리 영혼이 이르러야 하는 궁극의 상태이다. 요한계시록에서는 첫 창조에 속한 모든 것이 끝나고 영원한 하나님나라가 시작될 때, 모든 나라와 종족과 언어들이 함께 모여 새하얀 옷을 입고 부르는 찬양의 시작을 보여준다(계 7:9 참조).

우리는 늘 찬양한다. 하지만 찬양에 대한 지식이 없으면 찬양이 얼마나 놀라운 축복인가를 알 수 없고 예배 시간에 6절까지 있는 찬송가를 부르는 것이 지겨울 수 있다. 그런데 우리가 가게 될 하나님 나라에는 끝나지 않는 영원한 찬양이 있다(계 5:13 참조).

우리가 하나님을 알지 못하기 때문에 찬양에 대해서도 잘 모르는 것이다. 하나님은 우리를 지으신 목적이 하나님을 찬양하기 위한 것이라고 말씀하신다(사 43:21). 20세기 최고의 기독교 변증가 C. S. 루이스도 찬양이 힘들었던 적이 있었다고 고백한다. 그는 하나님께서 가장 원하시는 말이 "하나님은 선하시고 위대하시다"라는 사실이 소름끼쳤다고 고백한다. 그러나 하나님을 만나고 나서 저술한 책 《고통의 문제》에서 그는 이렇게 말하고 있다.

"주님은 그런 찬양을 받을 만한 자격이 있으시다. 예수님을 믿고 나니까 알게 되었다. 자격 있으실 뿐만 아니라 그분이 명령하셨다. 그분의 권한이다."

찬양에서 바뀌어야 하는 중요한 단계가 있다. 의무적으로가 아니라 마음에 솟아나는 감격으로 드리는 찬양을 발견하는 것이다. 찬양은 하나님의 임재의식이 일으키는 반응이다. 하나님을 찬양한다는 것은 위대한 인물을 칭찬하는 것과 근본적으로 다르다. 찬양은 하나님께 영광을 올려드리는 것이다. 하나님은 위대하시다. 사람은 생각을 통해 수많은 성과를 이루었다. 그런데 하나님은 그 생각을 창조하셨다. 차원이 달라 이해할 수 없기에 자신을 보여주시는 성령의 계시 외에는 알 길이 없는 분이 하나님이시다. 그분께 영광을 올려 드리며 찬양한다는 것은 무엇을 말하는가?

모든 것의 기초에 사랑이 있다. 하나님이 찬양을 받으시는 것은 우리가 표현하는 하나님에 대한 감동 자체일 수 없다. 그 감동조차 하나님께서 일깨워주시지 않으면 우리는 알 수 없다. 성경이 말하는 찬양은 하나님의 임재에 대한 반응이다. 나를 사랑하시어 다가오신 하나님께서 내 안에서 일으키시는 역사다. 그래서 하나님께 대한 찬양은 내가 파악하는 사람이나 사물에게 하는 칭찬이 아니다. 찬양은 내 삶의 차원이 높아져 하나님과 교제하는 위치에서 발생한다. 그러므로 하나님을 찬양하는 것이 우리의 영광이 되는 것이다.

시편 기자는 최고의 기쁨이신 하나님을 고백한다. 이것은 하나님께서 우리에게 즐거움을 제공하신다는 것을 넘어서서 하나님 자신이 우리의 최고의 기쁨이라는 감격의 고백이다. 기쁨의 감각을 지으신 그분의 임재가 최고의 기쁨을 일으키는 것이다. 우리의 근원이시며 창조자이시며 우리의 죄악을 감당하신 그 위대한 사랑을 느낄 때 우리는 최고의 감각으로 하나님의 본질인 기쁨을 느끼게 된다. 하나님과의 친밀한 교제는 이 최고의 기쁨이신 하나님을 만나는 것이다.

감사의 문을 열고
주님을 만나라

감사의 스위치를 켜라

하나님은 모든 것 안에 계신다. 모든 것을 다스리시며 나를 향한 사랑을 펼쳐 가신다. 그런데 왜 나는 그 하나님을 가깝게 만나기도 하고 어렵게 만나기도 할까? 분명한 것은 그 이유가 회전하는 그림 자도 없으신 하나님 때문이 아니라 아침과 저녁이 멀다하고 쉽게 변하는 내 마음 때문이라는 사실이다. 그래서 하나님께서 탄식하 신다.

만물보다 거짓되고 심히 부패한 것은 마음이라 렘 17:9

우리는 마음으로 하나님을 만나 교제해야 한다. 다른 것은 없다. 있어도 무슨 의미가 있겠는가. 성경의 진리를 따르면 하나님은 우리를 만나는 시간과 장소를 사랑으로 가득 채워 놓으셨다. 우리 마음이 원하는 하나님과의 친밀한 교제는 이미 완성된 채로 우리에게 주어져 있다. 우리는 단지 그것을 누리게 된다.

그러나 우리 마음의 상태는 그 친밀함을 감각조차 못한다. 하늘에 속한 모든 신령한 복으로 이미 우리를 완벽하게 축복하신 하나님의 은혜 안으로 들어가려면 어떻게 해야 할까? 시편의 시인은 감사함으로 그 문에 들어가며 찬송함으로 그의 궁정에 들어가 하나님을 만난다고 고백한다(시 100:4). 예수님이 바로 그 문이 되어주신다.

그런데 주일마다 예배를 드리고 신앙생활을 해도 여전히 마음이 어두운 것을 경험한다. 그 문이 열리게 하는 것이 필요하다. 그것이 바로 믿음이다. 그런데 이 믿음은 우리 손에 쥐여져서 우리가 원하는 대로 통제되는 것이 아니다. 그래서 믿음을 선물이라고 한다. 우리는 선물로 주어지는 믿음과 은혜를 따라 주어지는 구원을 받는다. 이 구원을 누리는 정서인 친밀함도 선물이다.

하나님께서 우리에게 주신, '관계의 선물'이 친밀함이다. 세상에 하나밖에 없는 나를 위해 하나밖에 없는 예수 그리스도를 보내시어 우리 품에 안겨준 선물인 것이다. 이 선물이 내 삶으로 들어와 효과를 내며 작동되게 하는 스위치가 다름 아닌 감사다.

우리의 어두운 공간에서 사랑의 친밀함이 가득한 공간으로 들어가는 문이 바로 감사다. 문을 열고 들어가면 마술처럼 우리의 공간이 아름답게 변해 있는 것을 상상해보라. 모든 것에 하나님의 사랑이 작동되며 아름답게 변화되는 모습을 그려보라. 이 놀라운 축복을 준비하신 하나님께 더 감사하게 될 것이다.

친밀함으로 들어가는 문이 감사요, 친밀함 가득한 뜰을 지나는 것이 찬양이고, 이 찬양과 감사 속에서 우리는 나의 최고의 기쁨이신 하나님을 만난다.

어떤 것도 감사를 막을 수 없다

매주 예배를 드릴 때마다 나는 꼿꼿이 봉헌을 보면서 얼마나 감사한지 모른다. 하나님을 기쁘시게 하기 위해 드린 교인들의 마음을 보며 그들의 삶을 위해 기도한다.

안식년을 지내고 난 후 나는 교계에서 큰 어른을 만나 뵐 일이 있었다.

"안식년 1년 갔다 오고 별일 없죠?"

나는 편안하게 잘 지낸다는 말과 더불어 이렇게 한마디를 했다.

"그런데 헌금이 좀 준 것 같아요."

내 말이 끝나자마자 목사님께 야단을 맞았다.

"한국 교회 97퍼센트가 재정이 줄었는데, 혼자만 잘되길 바랐나요?"

이 말을 듣고 좀 수그러졌다. 교인들의 경제 활동이 조금은 위축

된 것을 안다. 물론 잘되는 분은 잘된다. 그래도 어려운 분들이 많다는 것을 인정해야 했다.

그러나 경제적 어려움이 감사를 가로막지는 못한다. 우리가 감사의 제사를 드리는 것은 내가 한 해 동안 무엇을 얻어냈기 때문이 아니다. 세상은 자기가 노력한 것의 결과라고 말할 수 있어도 우리는 그것이 하나님의 선물임을 알기 때문이다.

불행의 원인은 은혜로 받은 것을 자격이 있어서 받았다고 생각하는 데서부터 온다. 받을 자격 없는 자에게 주신 은혜를 감사함으로 받지 못하고 주어지지 않은 것에 대해 원망하고 불평하는 삶을 살고 있진 않은지 돌아볼 일이다. 선물은 보급품하고는 다르다. 불특정 다수에게 그냥 나눠주는 것이 아니라 사랑이 담긴 것이 바로 선물이다. 주님이 우리에게 선물을 하셨다. 우리를 귀히 여기시어 아들의 생명까지 내어주셨다. 이 놀라운 사랑을 우리가 받았다. 구원을 망각하는 자가 아니고는 이 은혜에 감격하지 않을 수 없다.

지난날을 돌아볼 때 나는 매우 부끄럽다. 허비한 시간도 많고 실패한 일도 많다. 그럼에도 불구하고 하나님은 나에게 주시고 또 주시고 사랑을 계속 보여주셨다.

하나님은 우리가 드린 예물에 대해서 이렇게 말씀하신다.

나는 네 제물 때문에 너를 책망하지는 아니하리니 네 번제가 항상 내 앞에 있음이로다 시 50:8

이 시가 쓰인 시대에는 하나님 앞에 드려지는 번제가 끊어지지 않았다. 그런데 하나님이 이어서 말씀하신다.

내가 네 집에서 수소나 네 우리에서 숫염소를 가져가지 아니하리니 이는 삼림의 짐승들과 뭇 산의 가축이 다 내 것이며 산의 모든 새들도 내가 아는 것이며 들의 짐승도 내 것임이로다 내가 가령 주려도 네게 이르지 아니할 것은 세계와 거기에 충만한 것이 내 것임이로다 내가 수소의 고기를 먹으며 염소의 피를 마시겠느냐 시 50:9-13

하나님께 제물이 필요해서 우리가 드리는 것이 아니다. 만물이 다 하나님의 것이다. 우리의 삶에는 하나님이 축복하신 다른 길이 있다. 눈에 보이는 예배와 전도와 기도와 찬양을 넘어서는 무언가가 더 있다.

우리는 삶을 살아가면서 지쳐 쓰러질 때도 있지만 이내 일어나고, 다시 넘어져도 또 일어난다. 마치 다람쥐 쳇바퀴 돌아가는 것처럼 반복되는 일상을 보낸다. 이 돌아가는 시간을 붙잡아 하나의 매듭을 짓고 성장의 단계로 진입하게 하는 길, 열매 없는 허무와 신실하게 싸우며 한 걸음씩 걸어가는 그 길의 진입로가 무엇인지 알아야 한다.

신앙의 길에서 하나님이 주신 은혜에 반응하기 위해 몸부림치고 매달려봐야 한다. 범죄와 회개의 반복을 끊어내고, 하나님 앞에서

거룩한 제사장으로 서서 하나님의 영광을 드러내는 은혜의 진입로
에 들어서야 한다.

하나님을 영화롭게 하는 것

하나님께서 우리에게 원하시는 것은 따로 있다.

> 감사로 하나님께 제사를 드리며 지존하신 이에게 네 서원을 갚으며
> 환난 날에 나를 부르라 내가 너를 건지리니 네가 나를 영화롭게 하리
> 로다 시 50:14,15

하나님께서는 우리에게 세 가지를 말씀하신다.

먼저 감사로 제사를 드리라는 것이다. 감사로 제사를 드린다는
것이 "감사합니다"라고 말만 해서 되는 것이 아니다. 그러나 입술부
터 시작해야 한다. 마음으로부터 감사가 올라오도록 탄식과 간구와
찬양을 배워야 한다. 그렇게 될 때 감사라는 문을 통과하게 된다.

하나님께로 가는 문의 이름이 바로 '감사'이다. 그런데 하나님은
감사를 잃어버린 우리에게 돌이키라고 하신다. 만약 돌이키지 않으
면 우리를 찢을 것이라 경고하신다(시 50:22 참조).

우리가 감사로 주님 앞에 나아가는 것처럼 아름다운 것이 없고,
감사할 때 하나님의 영광의 보좌의 문이 우리를 향해서 활짝 열린
다. 말뿐인 감사가 아니라 마음으로부터 솟아나는 감사, 내 마음으

로부터 하나님의 구원과 베풀어주신 은혜를 감사하고, 내 주변에 무수히 쏟아놓으신 은혜들을 감사해야 한다.

다음으로 서원을 갚으라고 하신다. 다시 말해 하나님 앞에서 결심한 것을 시행하라는 말씀이다. 때때로 우리는 "주님이 이러한 은혜를 베푸시면 내가 할 거야" 하고 결심만 하고 마는 경우가 있다. 《바보들은 항상 결심만 한다》라는 책 제목처럼 결심만 하다가 끝내는 인생은 끝내 하나님이 영광을 보지 못한다.

서원을 갚으라고 하시는 것은 내 마음을 움직여가는 실천적 노력을 하라는 뜻이다. 크고 굉장한 것을 하라는 게 아니다. 욕심만 버리면 할 게 너무나 많음을 발견하라는 것이다. 내가 쥐고 있는 집착을 버리고 지금 우리의 시간이 얼마나 풍요로운지, 재정이 얼마나 넉넉한지, 은혜가 얼마나 가득한지 발견하라.

마지막으로 환난 날에 하나님을 부르라 하신다. 그러면 나를 건지시고 그것이 하나님을 영화롭게 하신다고 말씀하신다. 보통 우리는 '성공해서 하나님께 영광 올려야지' 생각하곤 한다. 주로 금의환향(錦衣還鄉)형 신앙이다. 그러나 그것은 하나님이 원하시는 생각이 아니다. 예를 들어 축구 경기를 하는데, 공격수가 골을 넣고 "주님께 영광 올려드립니다" 하고 기도했다. 그런데 상대편 골키퍼 또한 경기 전에 기도를 했다면 어떻게 된 것인가? 하나님께서는 자식이 금의환향해서 최고가 된 것을 영광이라고 하지 않으신다.

하나님은 복 주시는 분이다. 솔직히 나는 하나님이 복 주시는 분이 아니라면 하나님을 못 믿을 것 같다. 하나님이 복 주시는 분이기에 믿는 것이다. 영생이 복 아닌가. 하나님의 아들이 나와 사는 것이 복 아닌가. 우리는 그것을 구하고 기도하는 것이다.

하나님은 우리가 고통 가운데서도 주님을 바라보는 것을 영광스럽게 생각하신다. 하늘나라에서 천사들이 구경할 때 우리가 금은보화를 쥐고 있는 게 좋아 보일까? 천국에서는 보석이 바닥 장식재이고 진주가 문으로 쓰인다. 그것을 보고 감격할 리 없다.

우리의 시야를 세상에서 천국으로 바꾸어야 한다. 내게 주신 사명과 은혜를 기쁘게 감당하는 것이다. 다만, 천국의 영광은 다른 데 있다. 우리가 주님께 목숨까지 드리는 것은 하나도 아깝지 않다. 아버지가 아들의 생명을 내어주신 은혜를 아는데 아까울 것이 무엇이겠는가.

우리 교회에 암 투병을 하던 최옥주 전도사님이 계셨다. 문병을 갔다가 몸이 많이 안 좋아 보여 발마사지를 해드렸더니 좋아하셨다. 그런데 다음 날 새벽, 뇌경색으로 쓰러지셨다. 빈혈이 있어 잘못하면 뇌출혈로 이어질 수 있기 때문에 아무런 조치도 못하고 있다는 소식에 너무 가슴이 아팠다. 환자의 안정이 우선이라 아무도 못 만난다고 했지만, 수간호사에게 부탁하여 중환자실에 들어갔다. 반쪽을 전혀 못 쓰시고 말도 못하셨지만, 내가 손을 잡으니 빙그레 웃으셨다. 죽음이 가까이 오고 있었고 피할 길도 없었다. 하지만 우리는 미소 지을 수 있었다. 결국 전도사님은 한마디 말도 건네지 못하고 이 땅에서의 삶을 마감하셨다.

오늘도 하나님은 우리의 고통 중에 함께하신다. 그것을 믿어야 한다. 어느 것도 무너뜨릴 수 없는, 그래서 우리의 삶을 영광으로 인도하시는 하나님을 신뢰해야 한다. 예수 그리스도의 십자가로 이루신 친밀함은 항상 견고히 서 있다. 내 생명 전부를 드려도 조금도 아깝지 않은 그분의 사랑이 이미 우리에게 부어져 있다. 날 사랑하셔서 아들의 피의 대가를 지불하신 그 견고한 사랑을 바라보게 하셨다.

날 구원하신 주님의 은혜를 마음으로 생생히 의식하게 되면 사랑의 선물임을 알고 감사하게 된다. 지난 세월도, 희미하게 사라지는 기억도, 얼굴에 웃음을 가져다주는 아름다운 추억도 외로움 속에서 맞아해야 하는 죽음도 이 모든 것이 영원한 나라에서 회상할 아름다운 기억들로 빛날 것이다.

매일 더 가까워지는
주님과의 거리

하나님과의 친밀한 관계는 '하나님의 유일한 작품'인 나와 역시 유일하신 하나님 사이에서 이루어지는 매우 독특하고 개별적인 작업이다.

하나님께서 우리를 자신과 인격적으로 대화하는 관계로 부르셨다는 사실은 우리에게 큰 축복이다. 그 교제의 여정에는 기쁨이신 하나님의 본성을 따라 기쁨이 넘쳐난다. 주님께로 한 걸음 한 걸음 내디딜 때마다 우리의 마음은 복음의 감격으로 벅차오르고 은총으로 충만해진다.

우리가 목적지에 이르기 위해서는 지도와 나침반이 필요하다. 그리스도인의 목적지는 '주께로 더 가까이'다. 그리고 그곳에 온전히 다다르기 위해서 주어진 지도가 바로 '성경'이다. 성경 말씀을 잘

읽고 따라가다 보면 하나님과 함께하는 친밀한 삶이 더욱 분명해질 것이다. 이 책은 그 지도를 잘 살피기 위한 안내서가 되길 바란다.

또한 그리스도인에게는 하나님의 본성으로 작동하는 '나침반'이 들려져 있다. 지도와 더불어 나침반을 항상 바라봐야 한다. 그 나침반이 가리키는 방향을 마음으로 바라보면 소원이 일어나고, 그 소원의 동력은 몸을 움직인다. 하나님의 기쁘신 뜻이 내 마음의 소원이 되는 것이다(빌 2:13). 그것이 바로 주님께 더 가까이 나아가는 방향이다.

우리는 각자 자기만의 길을 간다. 하지만 우리 안에 계신 주님이 동일하시기에 우리의 목적지는 같다. 더 가까이를 함께 해나가는 공동체에 대해서는 이 책에 담지 못했다. 배우고 알게 된 것을 나누며 함께 즐거워하는 믿음의 친구가 우리에게는 필요하다. 말씀과 삶을 나누는 소모임부터, 주님 앞에 함께 나아가 축제하는 예배 공동체까지 더 큰 '나'인 '우리'가 있음을 경험해야 한다. 이 경험이 하나님과의 친밀함을 더욱 구체적인 삶의 현실로 데려올 것이다.

하지만 이 책이 다루고 있는 하나님과 나만의 관계가 먼저 성립되어야 한다. 다른 사람은 개입할 수 없고 간섭할 수 없는 그 친밀한 관계를 경험해야 한다. 복잡한 세상이 우리의 걸음을 혼란스럽게 하지만, 나를 붙드시는 하나님의 손을 꼭 잡고 간다면 문제없다.

이 세상에는 수많은 사람들이 살았고 살고 있으며 또 살아갈 것이다. 하지만 하나님과 나와의 친밀한 관계는 바로 지금 내가 걷고 있는 이 신앙의 여정뿐이다. 아들의 생명을 내어주시어 우리에게 이 친밀한 관계를 주신 하나님을 찬양한다. 당신에게도 더 가까이 나아가는 이 친밀함의 성장이 날마다의 기쁨이 되기를 기도한다.

글을 마무리하면서 감사의 인사를 하고 싶은 이들이 있다. 글로써 전달된 저자의 마음이 독자들의 마음과 더욱 잘 소통할 수 있도록 도와준 편집부의 섬김에 감사한다. 언제나 사랑과 이해로 섬겨주는 창조교회 교우들과 남편을 컴퓨터 앞에 내어준 아내의 사랑에 감사한다. 멀리서 섬겨준 사무엘과 경은이, 군대에서 기도해준 다니엘 그리고 사춘기 시절에도 아빠를 이해해주고 응원해준 딸 유민

이에게 사랑을 고백한다. 마지막으로 무너진 죄인에게서도 위대한 희망을 일으키시는 주님을 찬양한다.

더, 더 가까이

초판 1쇄 발행   2013년 9월 23일
초판 3쇄 발행   2013년 11월 15일

지은이   홍기영

펴낸이   여진구
책임편집   2팀 | 최지설, 박민희
편집   1팀 | 이영주, 김수미   3팀 | 안수경, 유혜림   4팀 | 김아진, 김소연
책임디자인   황혜정, 마영애 | 이혜영, 전보영
기획·홍보   이한민   해외저작권   김나은
마케팅   김상순, 강성민, 허병용, 이기쁨   마케팅지원   최태형, 최영배, 이명희
제작   조영석, 정도봉   경영지원   김혜경, 김경희

이슬비전도학교   최경식, 전우순   303비전성경암송학교   박정숙, 정나영, 정은혜
303비전장학회 & 303비전꿈나무장학회   여운학

펴낸곳   규장

주소 137-893 서울시 서초구 양재2동 205 규장선교센터
전화 02)578-0003   팩스 02)578-7332
이메일 kyujang@kyujang.com   홈페이지 www.kyujang.com
트위터 twitter.com/_kyujang   페이스북 facebook.com/kyujangbook
등록일 1978.8.14. 제1-22

ⓒ 저자와의 협약 아래 인지는 생략되었습니다.
이 출판물은 저작권법에 의해 보호를 받는 저작물이므로 무단 전재와 무단 복제를 할 수 없습니다.

책값 뒤표지에 있습니다.
ISBN 978-89-6097-319-0 03230

규 | 장 | 수 | 칙

1. 기도로 기획하고 기도로 제작한다.
2. 오직 그리스도의 성품을 사모하는 독자가 원하고 필요로 하는 책만을 출판한다.
3. 한 활자 한 문장에 온 정성을 쏟는다.
4. 성실과 정확을 생명으로 삼고 일한다.
5. 긍정적이며 적극적인 신앙과 신행일치에의 안내자의 사명을 다한다.
6. 충고와 조언을 항상 감사로 경청한다.
7. 지상목표는 문서선교에 있다.

하나님을 사랑하는 자 곧 그의 뜻대로 부르심을 입은 자들에게는 모든 것이 슴力하여 善을 이루느니라 (롬 8:28)

규장은 문서를 통해 복음전파와 신앙교육에 주력하는 국제적 출판사들의
협의체인 복음주의출판협회(E,C,P,A:Evangelical Christian Publishers
Association)의 출판정신에 동참하는 회원(Associate Member)입니다.